Andreas Wicker

Schach-Taktik, Band 3
Chess Tactics, Vol. 3

## About the book

The series **Chess Tactics – Training for Intermediates** deals with chess tactics like they are happening daily on club player level.

Stuff that happens *really* in *your games.*

If you are an intermediate chess player, this series is ideally suited for you to improve your tactical sight.

All the positions are taken from my own games or from games of club level players. You've got here volume 3 with 588 mate-in-1 positions. This volume is very well suited for beginners.




## Über das Buch

Die Reihe **Schach-Taktik - Training für Vereinsspieler** behandelt taktische Wendungen wie sie in Schachpartien auf Klubspieler-Niveau ständig vorkommen.

Also solche, wie sie *wirklich* in *Ihren Spielen* vorkommen.

Wenn Sie ein durchschnittlicher Vereins-Schachspieler sind, ist diese Reihe ideal für Sie geeignet, um Ihr taktisches Auge zu schulen.

Alle Stellungen dieser Reihe sind aus Spielen auf Vereinsspielernvieau. Sie halten Band **3** mit **588** Matt-in-1 Stellungen in den Händen. Dieser Band ist auch sehr gut für Anfänger geeignet.

# Schach-Taktik: Matt in 1
# Training für Vereinsspieler, Band 3

# Chess Tactics: Mate in 1
# Training for Intermediates, Vol. 3

# Шахматная тактика. Упражнения для не очень опытных игроков. Ч. 3.

Andreas Wicker

## Impressum

Copyright: © 2016 Andreas Wicker

Herstellung und Verlag:

    BoD-Books on Demand, Norderstedt, Deutschland

ISBN   9783743137264

# Inhalt / Contents / содержание

3 ....... Symbole / Symbols / символы
5 ....... Aufgaben / Exercises / уроки
105 ... Lösungen / Solutions / решения

# Symbole / Symbols / символы

| | | | |
|---|---|---|---|
| 1. | Weiß am Zug | white to move | ход белых |
| 1... | Schwarz am Zug | black to move | ход чёрных |
| 1.f5 | Weiß zieht hier f5. Was soll Schwarz danach ziehen? | White plays f5. What shall black move afterwards? | Белые сыграли f5. Это была ошибка. Как ходить чёрным? |
| 1...♘g4 | Schwarz zieht hier ♘g4. Was soll Weiß danach ziehen? | Black plays ♘g4. What shall white move now? | Чёрные сыграли Kg4. Это была ошибка. Как ходить белым? |
| ccc | schwierig | hard | трудно |
| # | Matt | mate | матом |
| ∟ | mit | with | с |
| / | oder | or | или |
| Δ | Idee | idea | с идеей |
| ∟ M | mit Materialgewinn | wins material | с выигрышем материала |
| +/- | Vorteil für Weiß | advantage for white | у белых лучше |
| -/+ | Vorteil für Schwarz | advantage for black | у чёрных лучше |
| t | droht | threatens | угрожает |
| → | Angriff | attack | с атакой |
| ¬ | nicht | not | не |
| :: | besser wäre gewesen | better would have been | было бы лучше |
| +++ | Dauerschach | perpetual check | вечный шах |

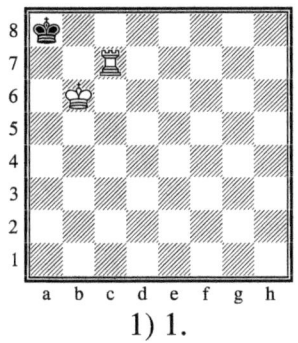

1) 1.

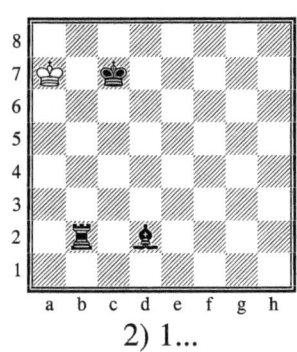

2) 1...

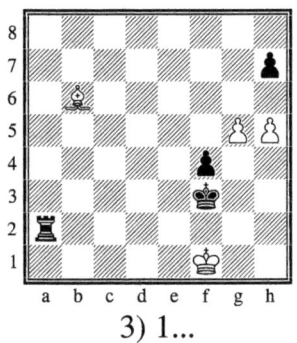

3) 1...

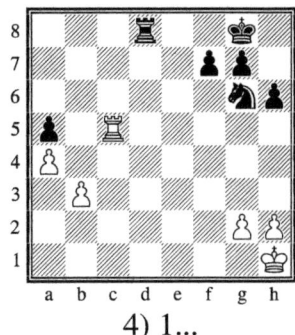

4) 1...

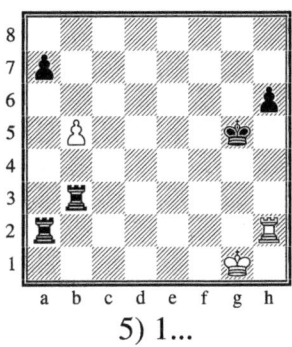

5) 1...

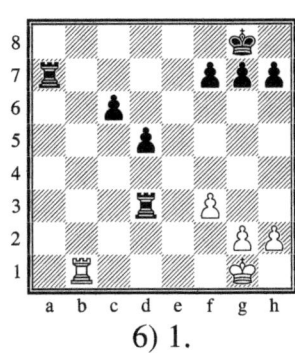

6) 1.

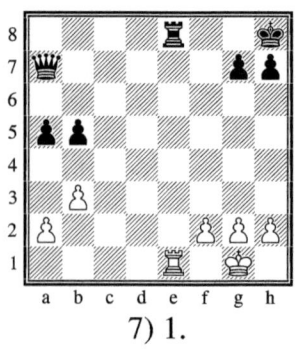

7) 1.

10) 1.

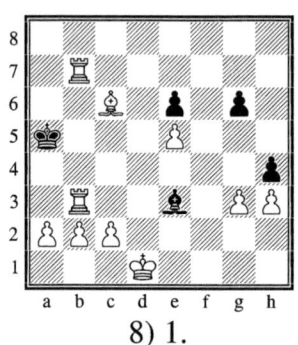

8) 1.

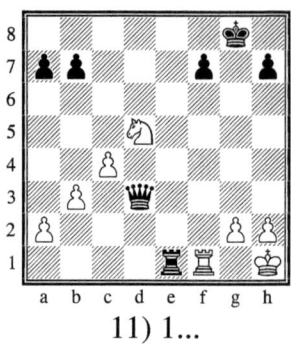

11) 1...

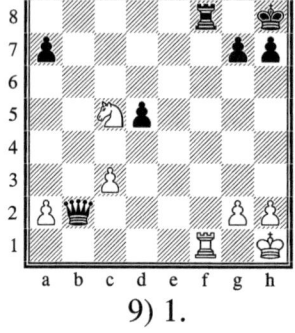

9) 1.

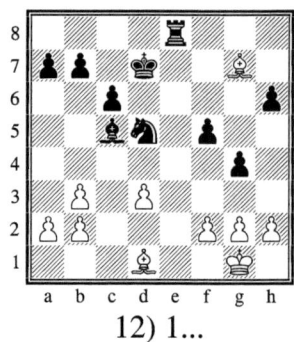

12) 1...

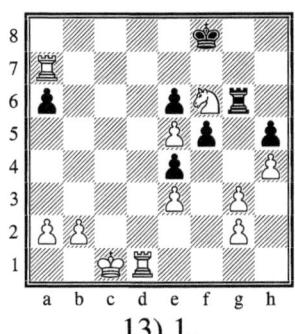

13) 1.

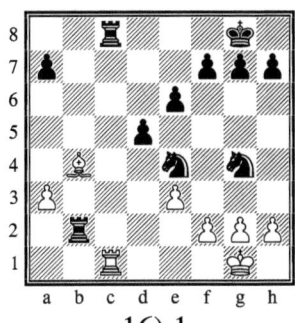

16) 1.

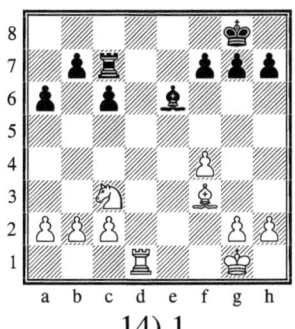

14) 1.

17) 1.

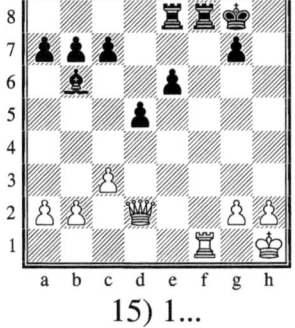

15) 1...

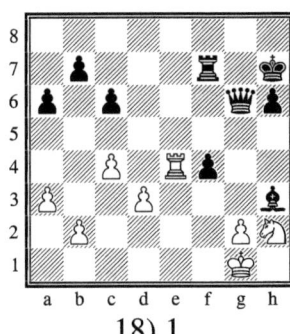

18) 1...

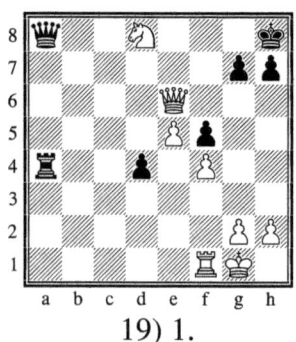
19) 1.

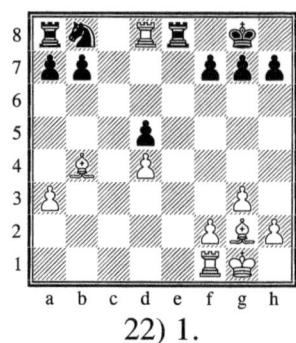
22) 1.

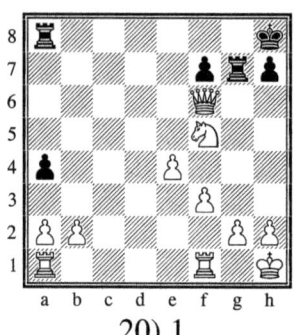
20) 1.

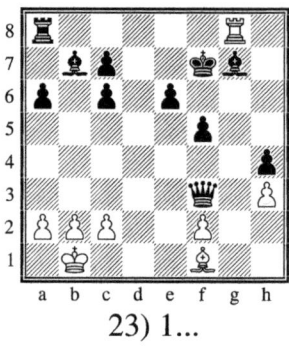
23) 1...

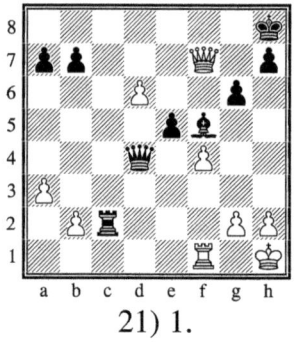
21) 1.

24) 1.

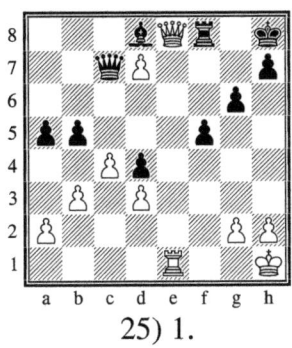

25) 1.

28) 1.

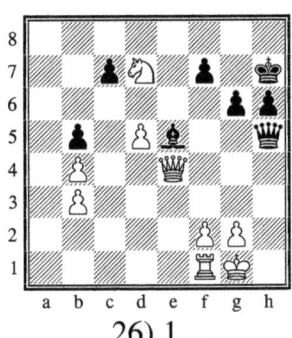

26) 1...

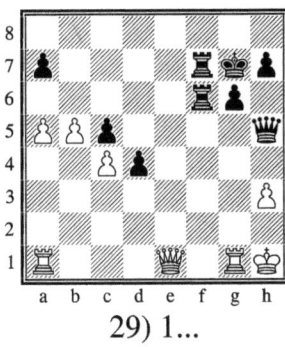

29) 1...

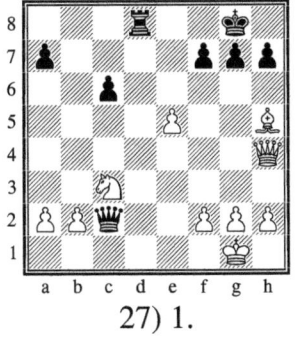

27) 1.

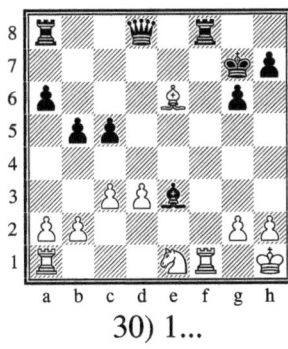

30) 1...

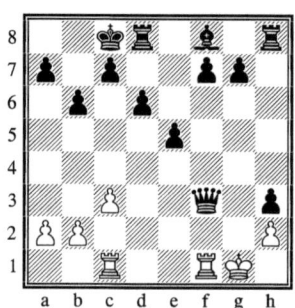
31) 1...

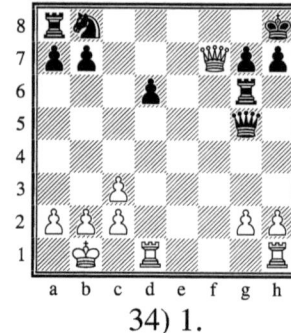
34) 1.

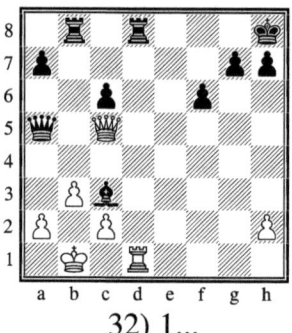
32) 1...

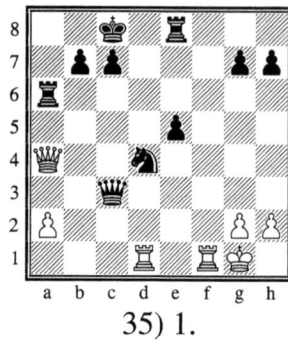
35) 1.

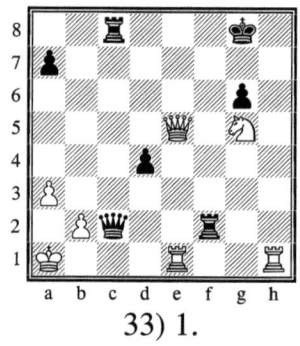
33) 1.

36) 1.

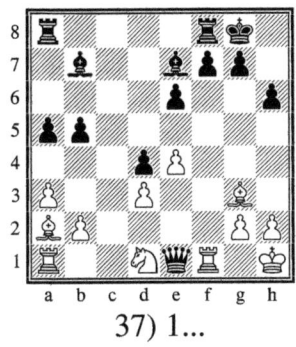

37) 1...

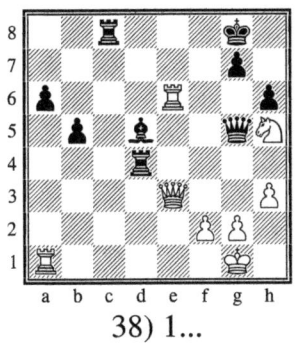

38) 1...

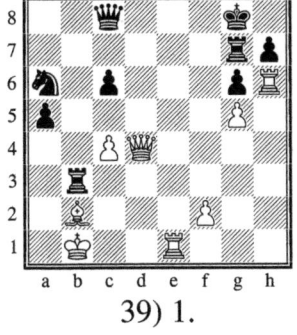

39) 1.

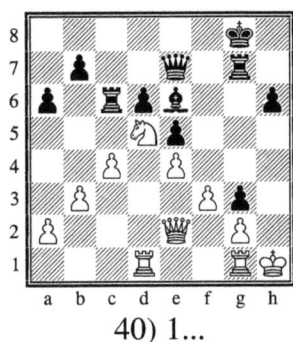

40) 1...

41) 1...

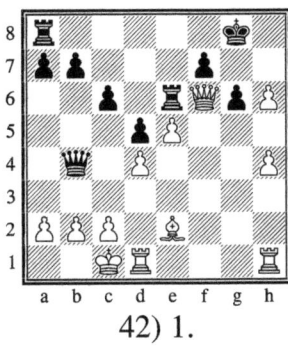

42) 1.

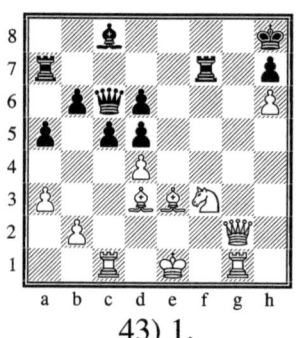
43) 1.

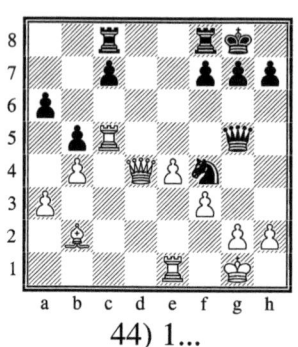
44) 1...

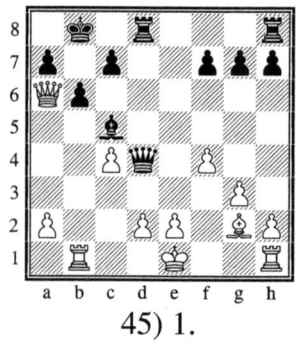
45) 1.

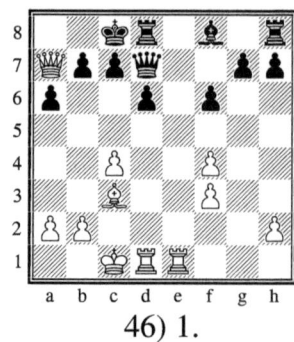
46) 1.

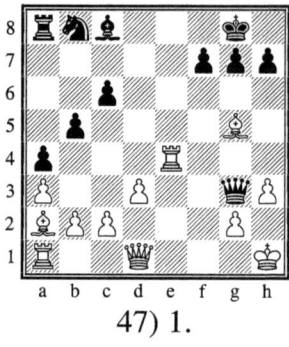
47) 1.

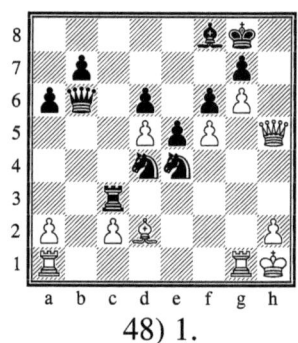
48) 1.

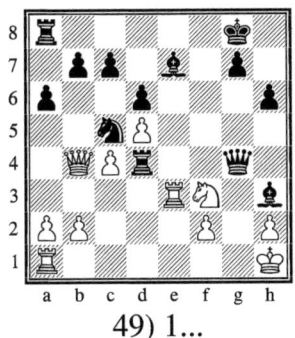

49) 1...

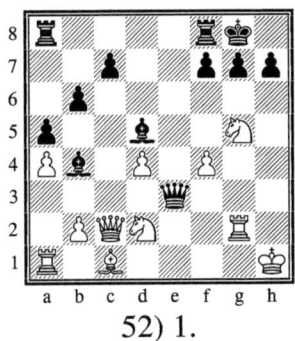

52) 1.

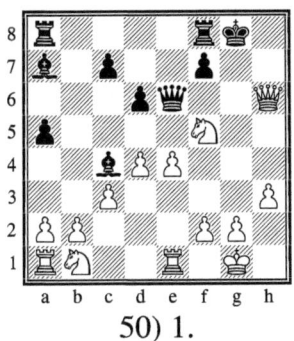

50) 1.

53) 1.

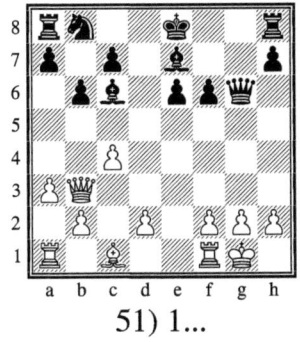

51) 1...

54) 1.

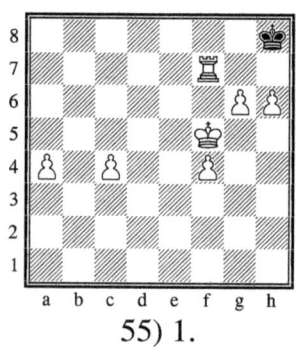
55) 1.

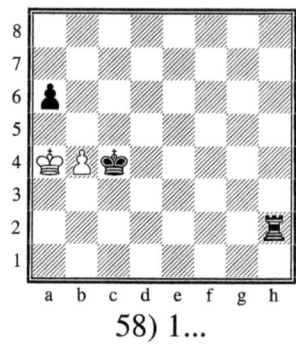
58) 1...

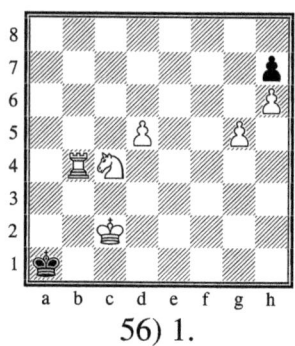
56) 1.

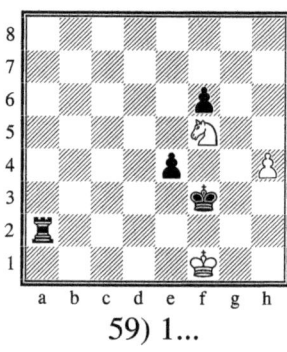
59) 1...

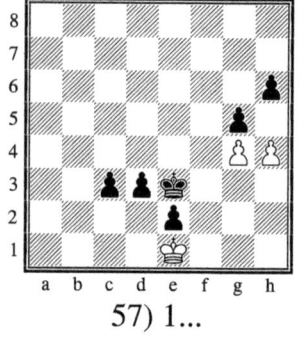
57) 1...

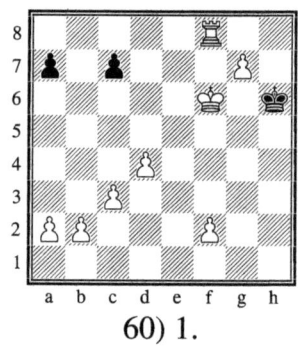
60) 1.

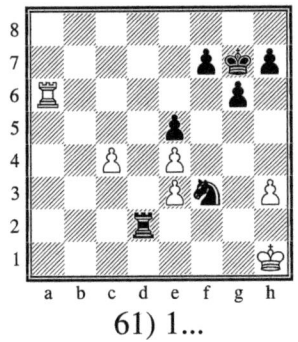
61) 1...

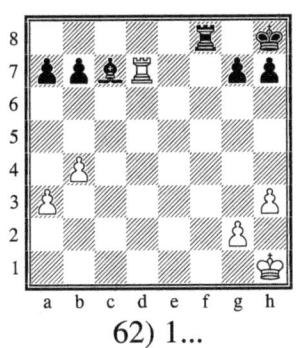
62) 1...

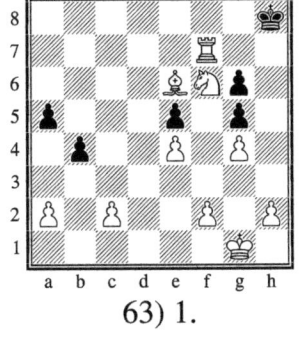
63) 1.

64) 1.

65) 1...

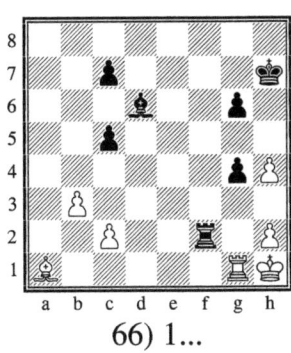
66) 1...

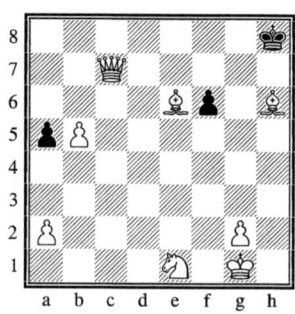
67) 1.

70) 1.

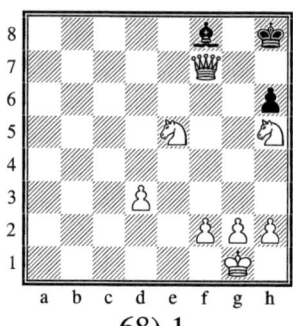
68) 1.

71) 1.

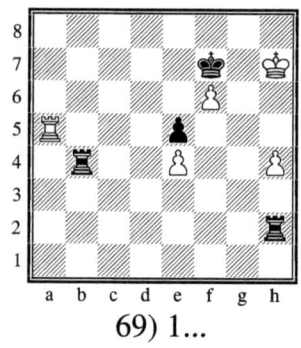
69) 1...

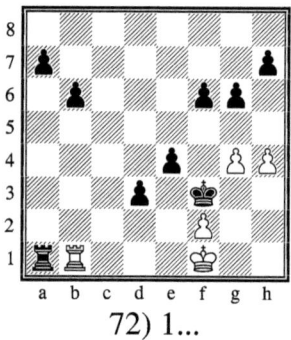
72) 1...

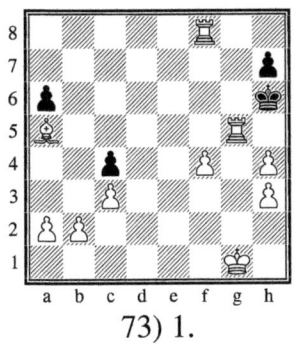
73) 1.

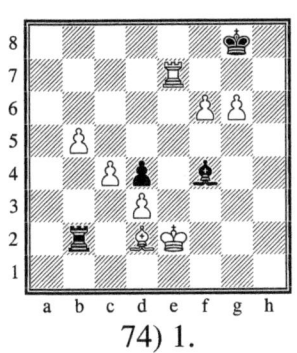
74) 1.

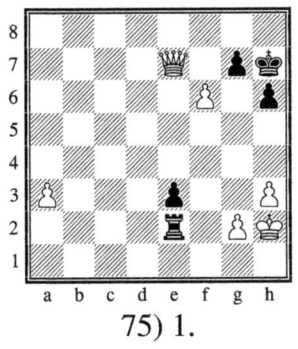
75) 1.

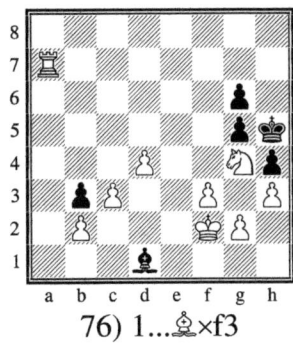
76) 1...♗×f3

77) 1...

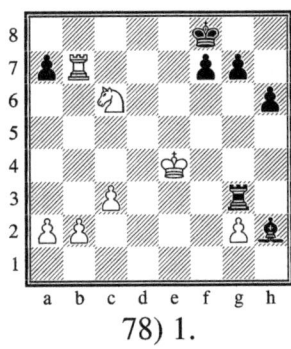
78) 1.

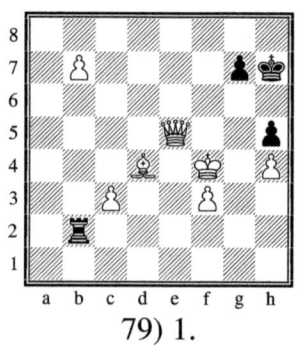

79) 1.

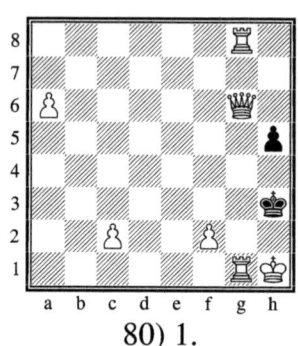

80) 1.

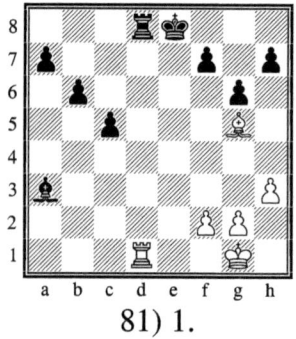

81) 1.

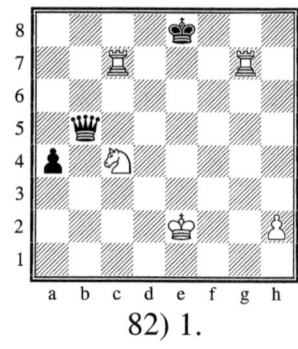

82) 1.

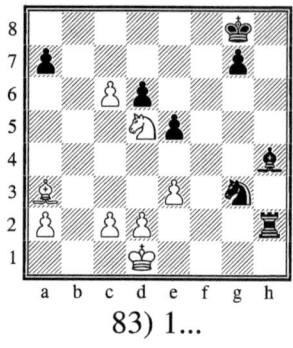

83) 1...

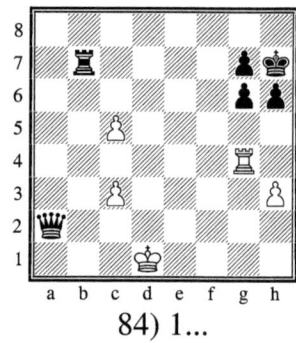

84) 1...

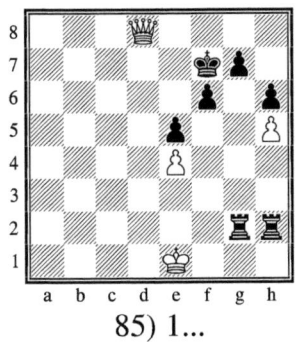
85) 1...

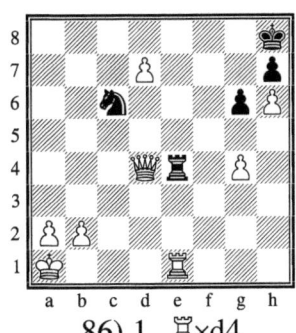
86) 1...♖×d4

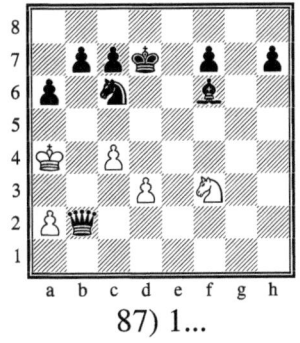
87) 1...

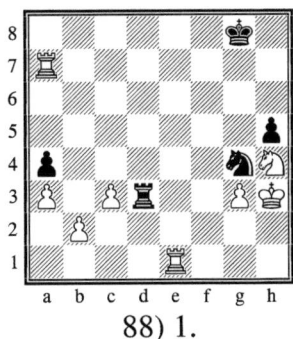
88) 1.

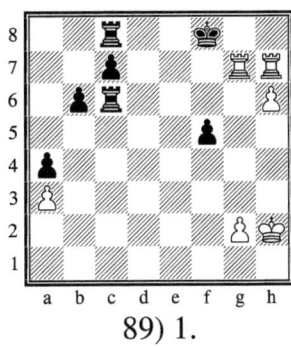
89) 1.

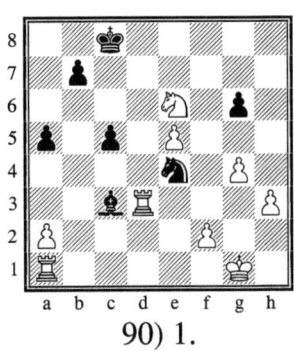
90) 1.

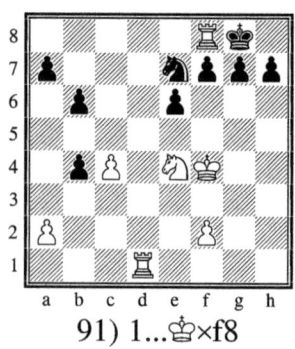
91) 1...♔×f8

92) 1...

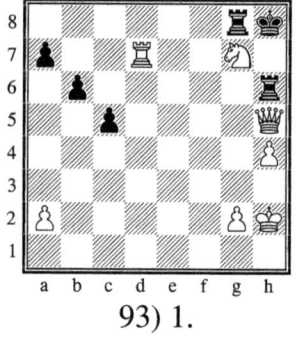
93) 1.

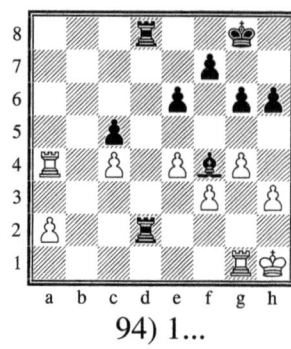
94) 1...

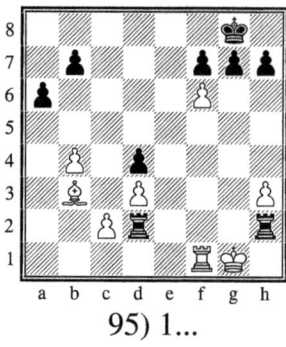
95) 1...

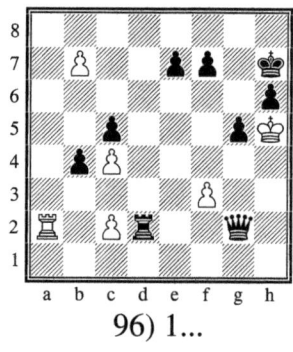
96) 1...

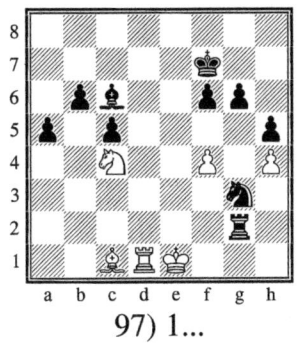
97) 1...

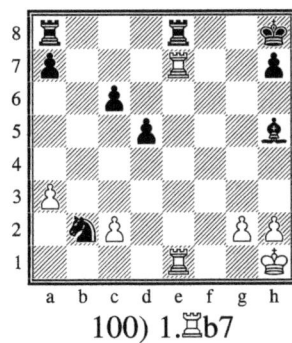
100) 1.♖b7

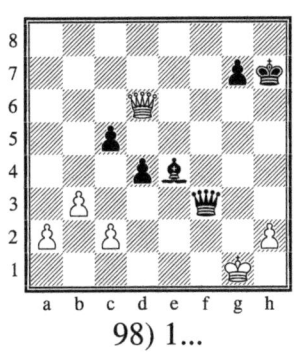
98) 1...

101) 1.

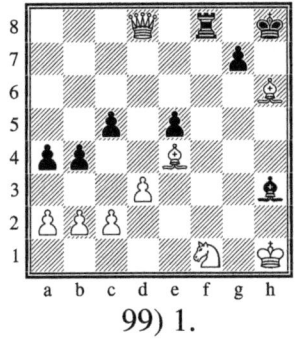
99) 1.

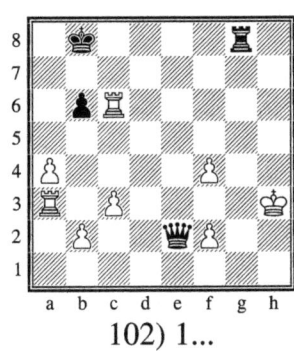
102) 1...

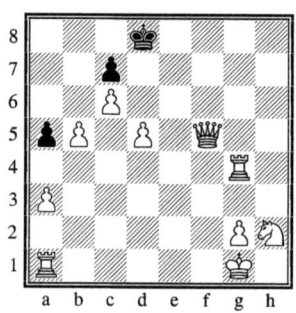
103) 1...a4

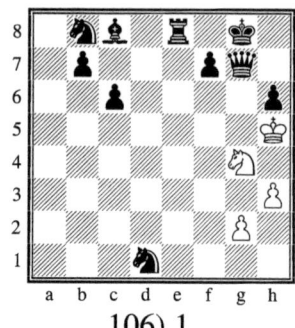
106) 1...

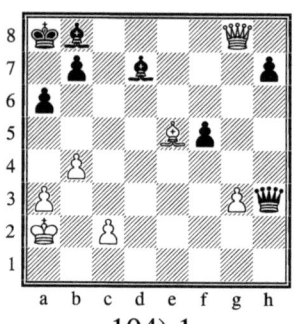
104) 1.

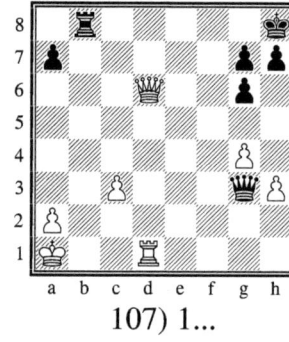
107) 1...

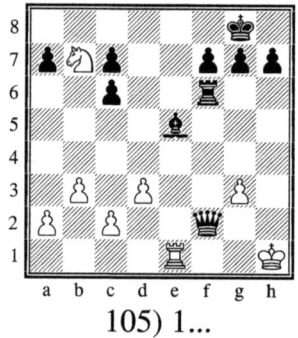
105) 1...

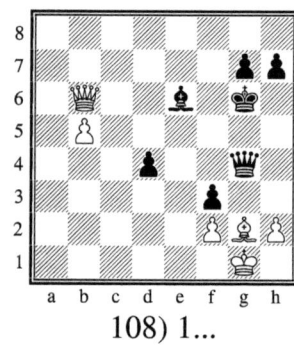
108) 1...

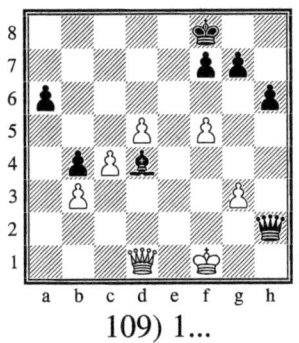
109) 1...

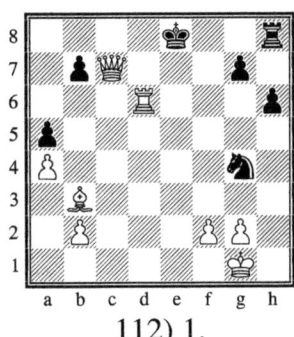
112) 1.

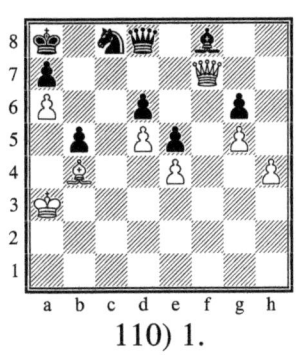
110) 1.

113) 1...

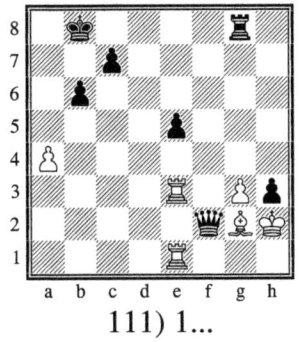
111) 1...

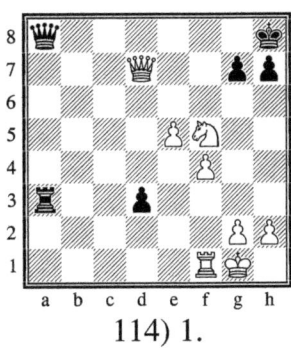
114) 1.

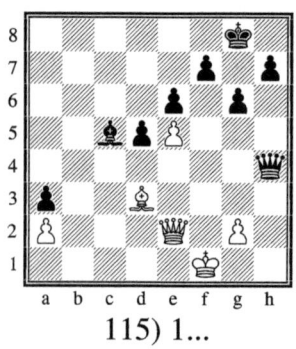

115) 1...

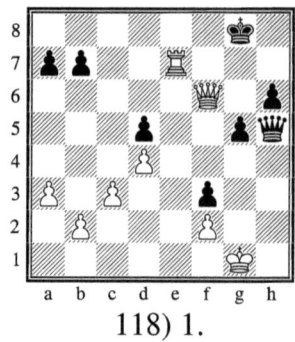

118) 1.

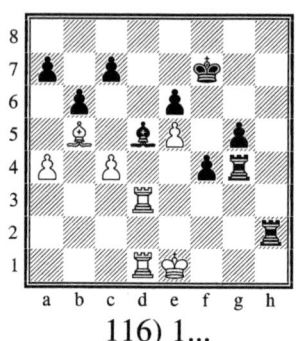

116) 1...

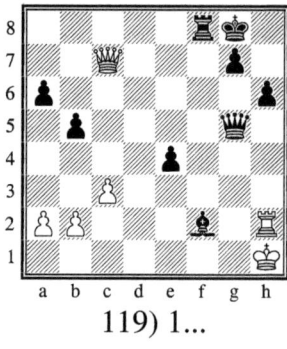

119) 1...

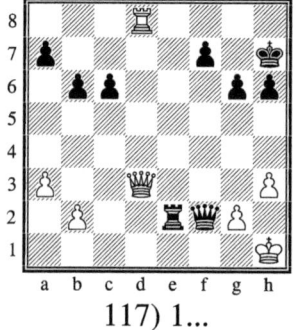

117) 1...

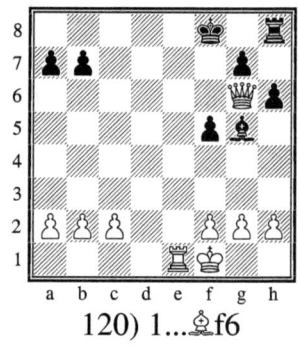

120) 1...♗f6

121) 1.

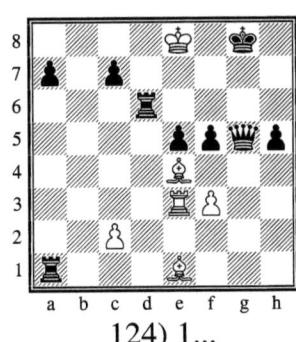
124) 1...

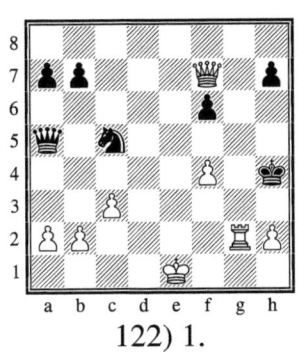
122) 1.

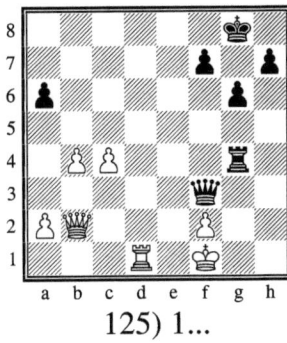
125) 1...

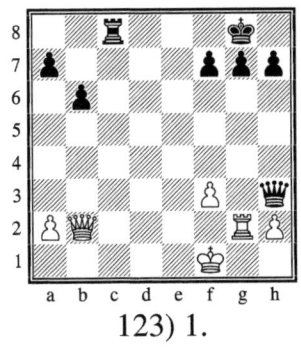
123) 1.

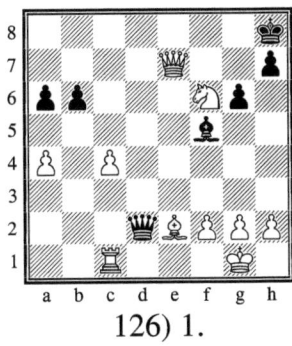
126) 1.

25

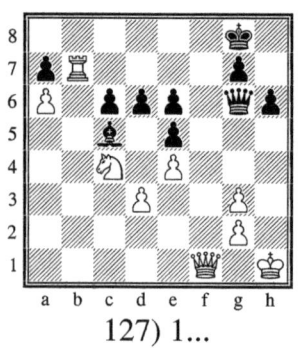

127) 1...

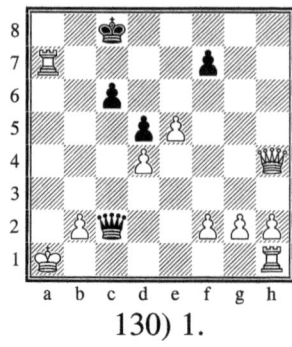

130) 1.

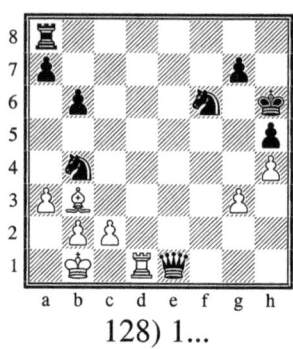

128) 1...

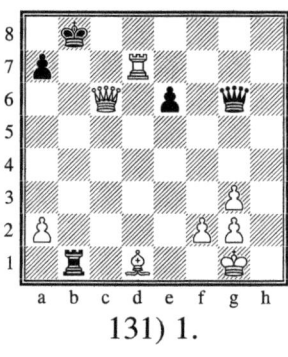

131) 1.

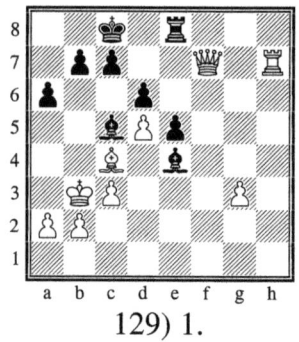

129) 1.

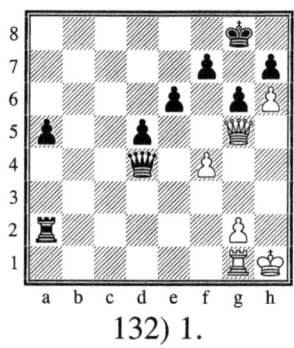

132) 1.

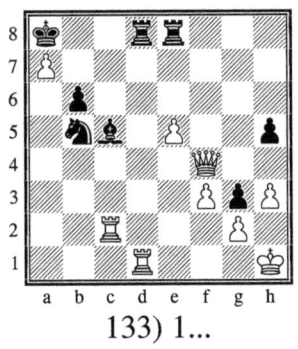

133) 1...

136) 1.

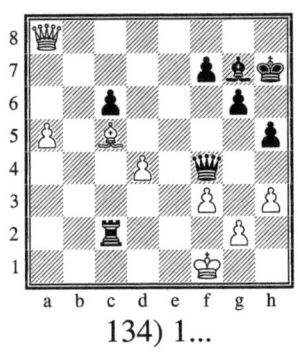

134) 1...

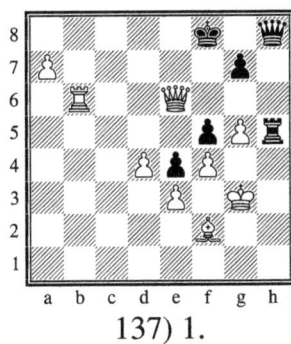

137) 1.

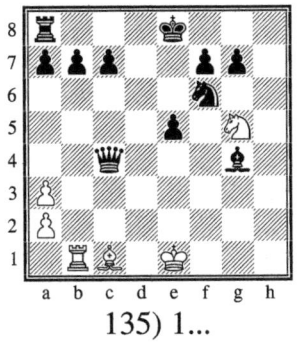

135) 1...

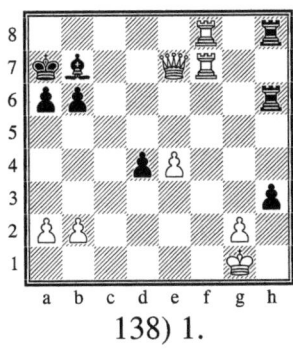

138) 1.

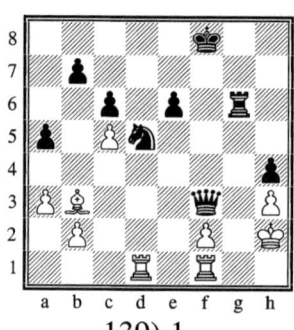

139) 1...

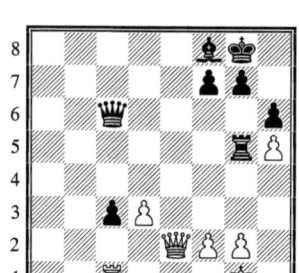

140) 1...

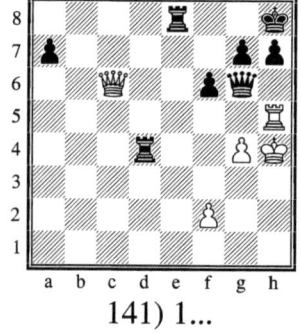

141) 1...

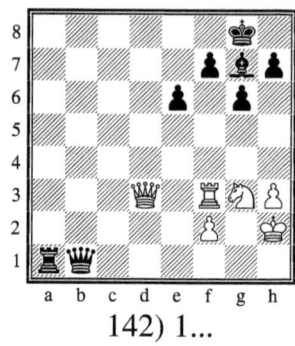

142) 1...

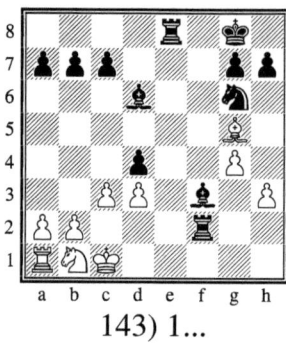

143) 1...

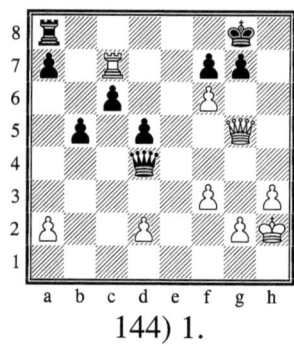

144) 1.

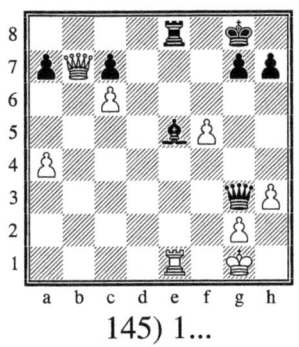
145) 1...

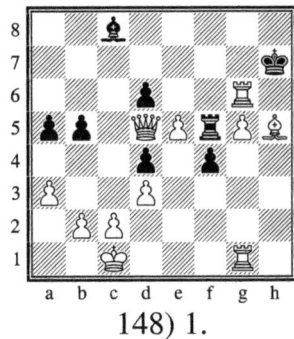
148) 1.

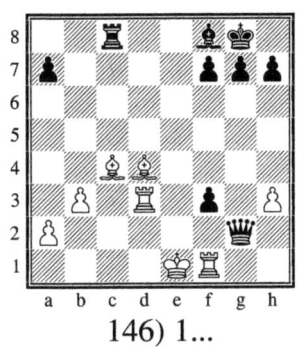
146) 1...

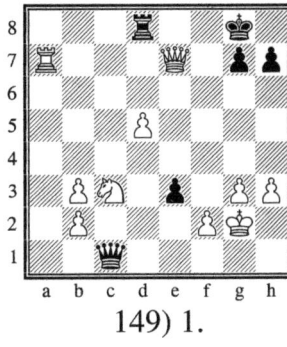
149) 1.

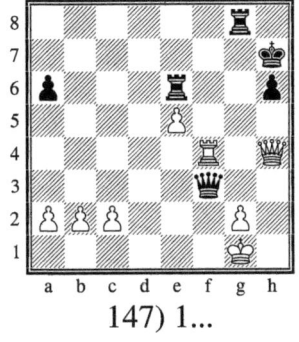
147) 1...

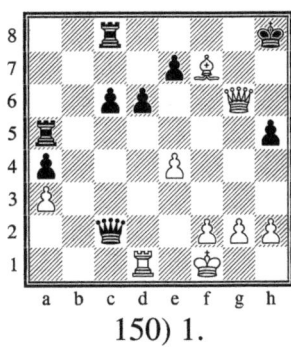
150) 1.

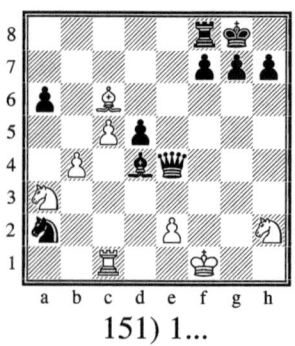

151) 1...

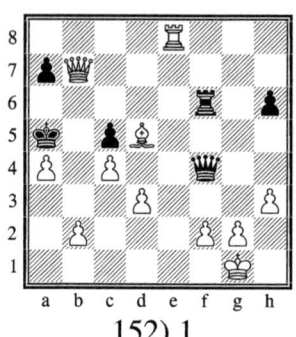

152) 1.

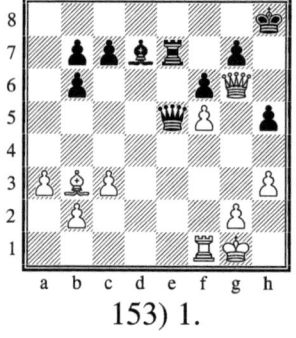

153) 1.

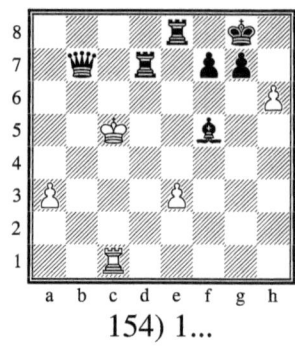

154) 1...

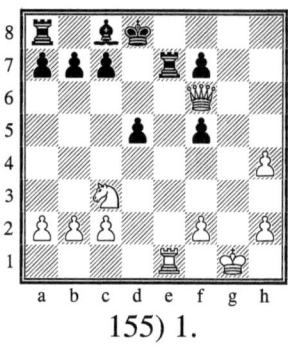

155) 1.

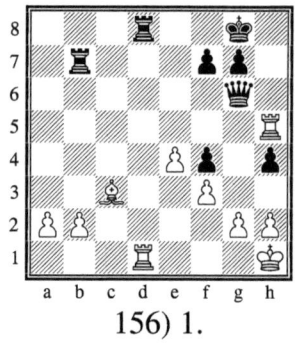

156) 1.

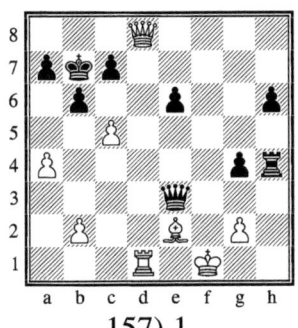
157) 1...

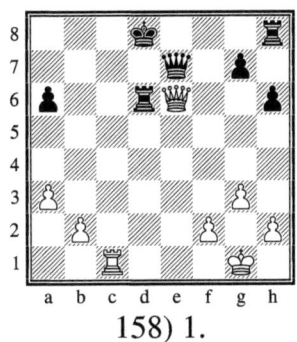
158) 1.

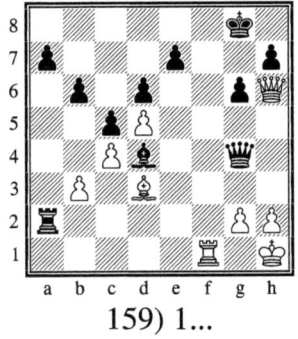
159) 1...

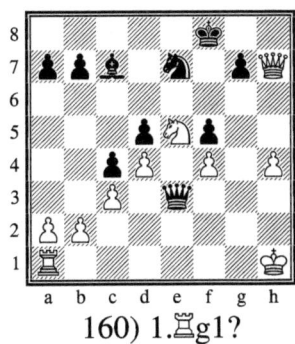
160) 1.♖g1?

161) 1...

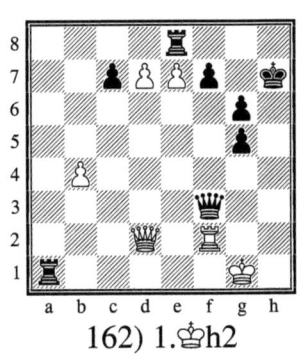
162) 1.♔h2

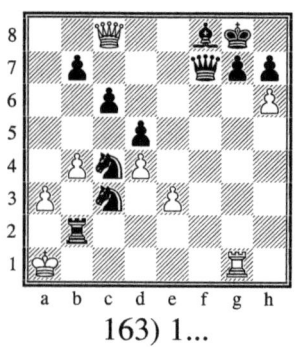

163) 1...

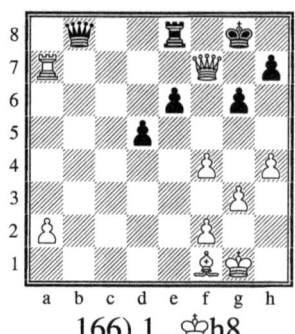

166) 1...♔h8

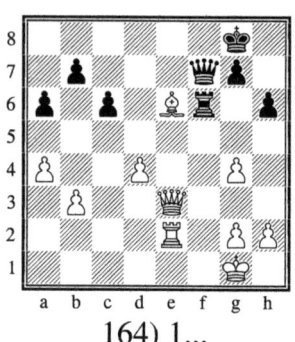

164) 1...

167) 1...

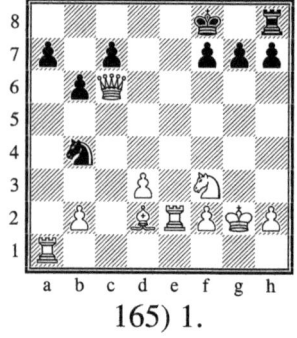

165) 1.

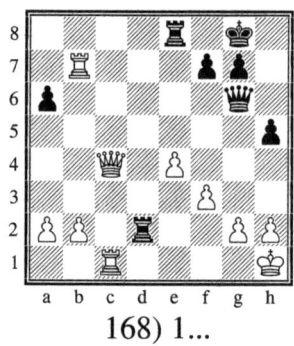

168) 1...

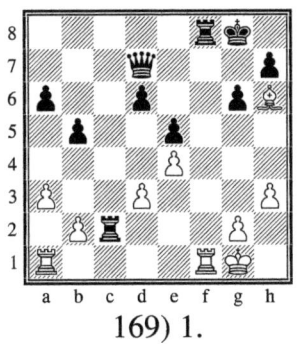
169) 1.

172) 1.

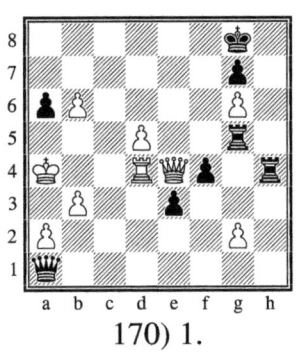
170) 1.

173) 1...

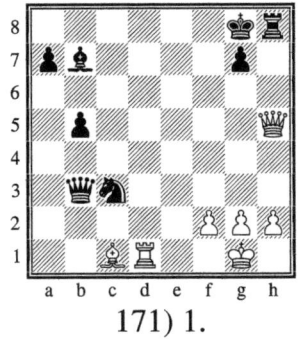
171) 1.

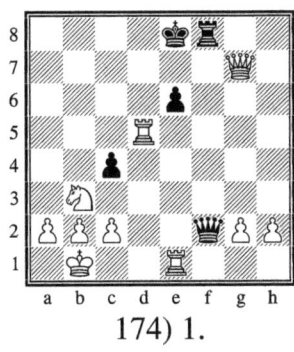
174) 1.

33

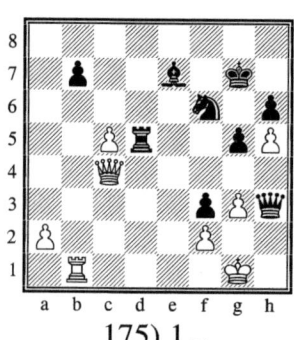
175) 1...

178) 1...

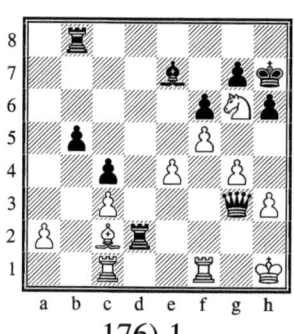
176) 1...

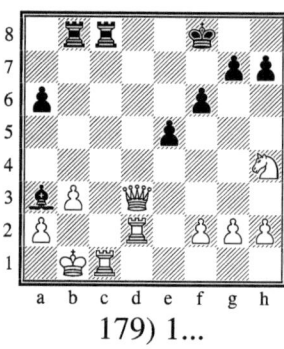
179) 1...

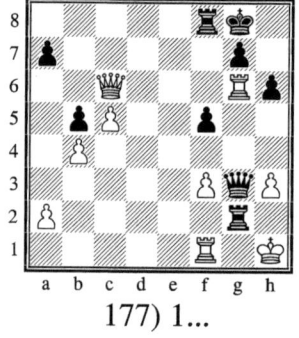
177) 1...

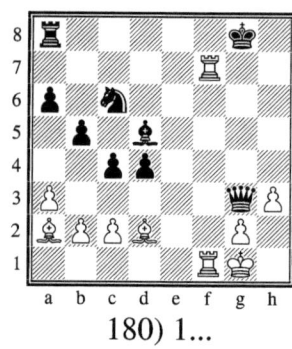
180) 1...

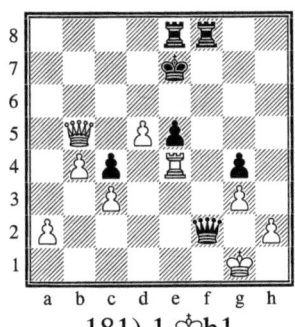

181) 1.♔h1

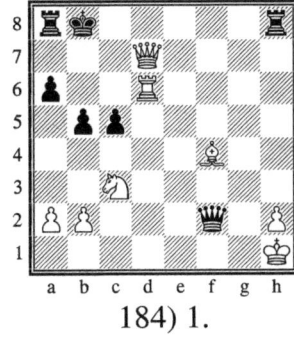

184) 1.

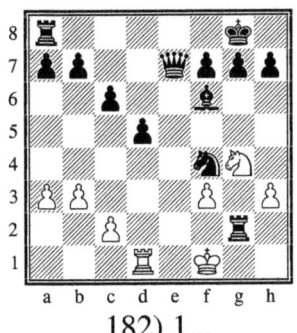

182) 1...

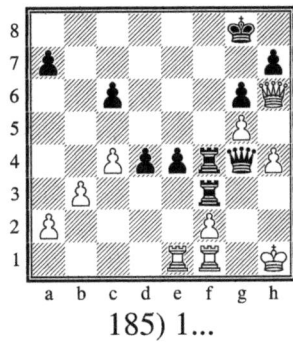

185) 1...

183) 1.

186) 1...

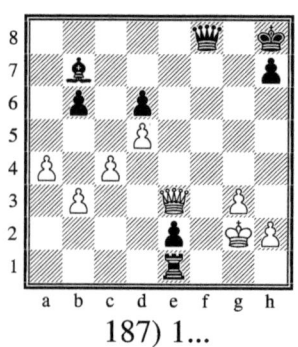
187) 1...

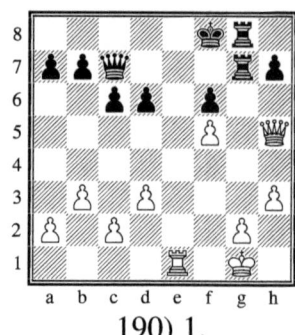
190) 1.

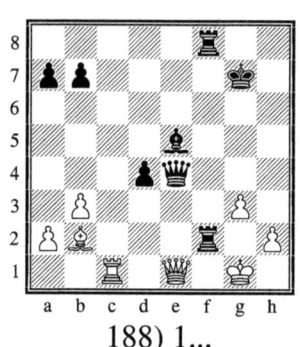
188) 1...

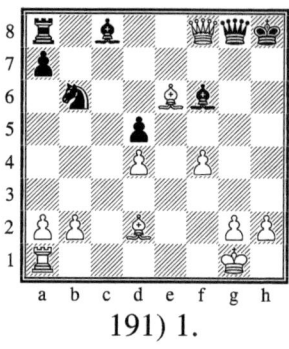
191) 1.

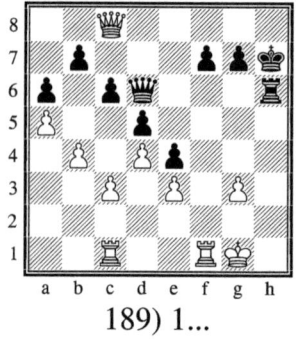
189) 1...

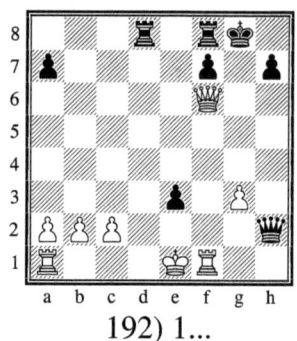
192) 1...

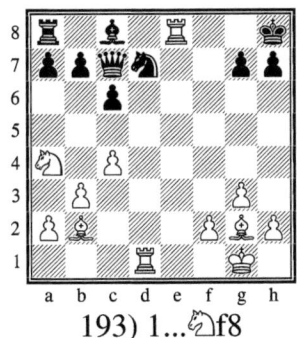
193) 1...♘f8

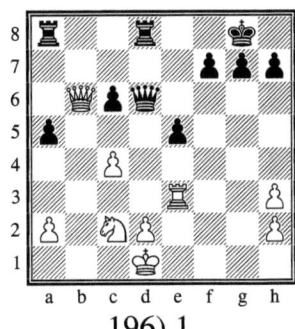
196) 1...

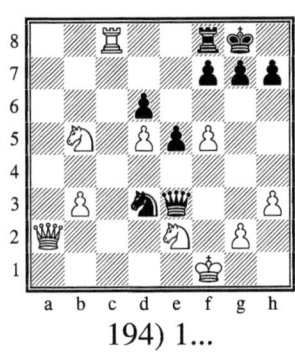
194) 1...

197) 1...

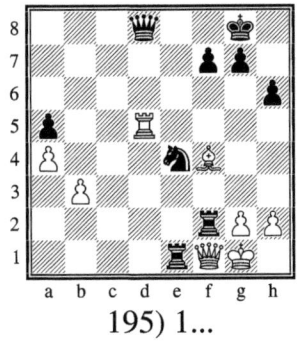
195) 1...

198) 1.

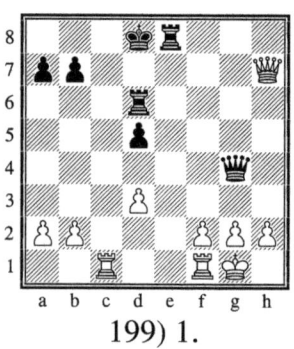

199) 1.

202) 1.

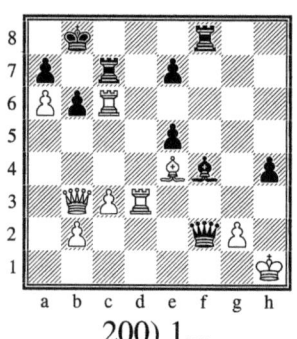

200) 1...

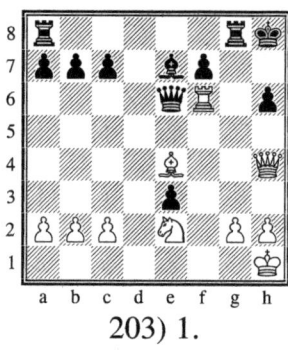

203) 1.

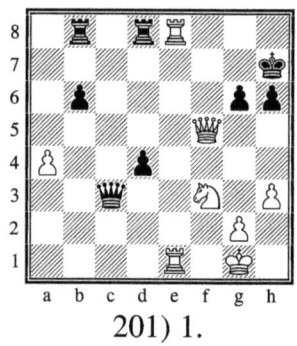

201) 1.

204) 1.

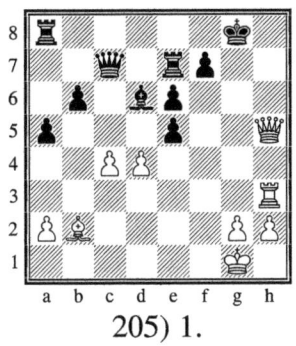
205) 1.

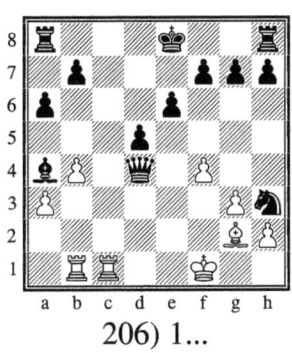
206) 1...

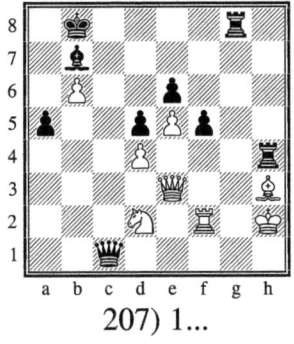
207) 1...

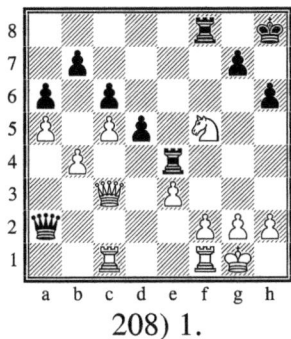
208) 1.

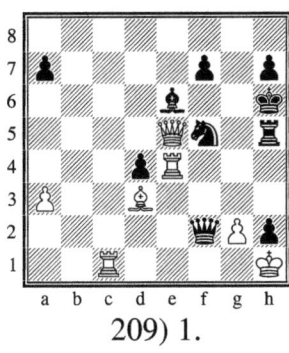
209) 1.

210) 1.

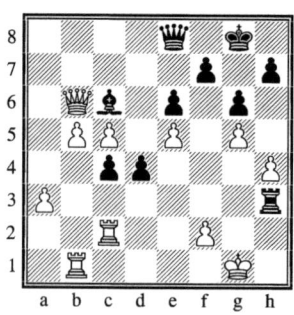
211) 1...

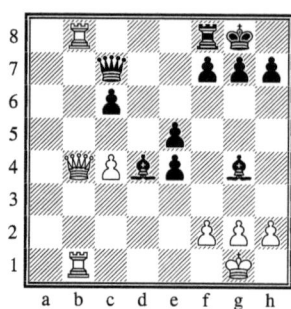
214) 1.

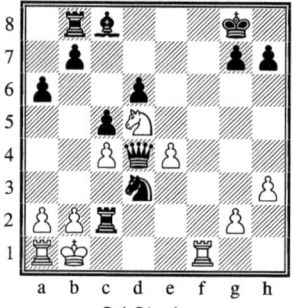
212) 1...

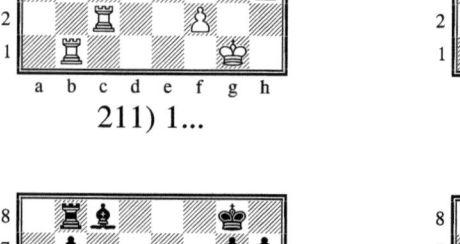
215) 1...♖g8

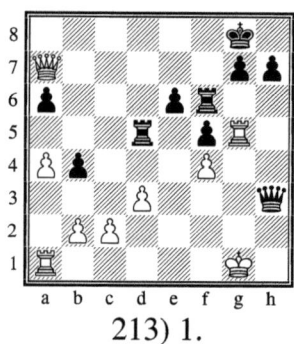
213) 1.

216) 1.

40

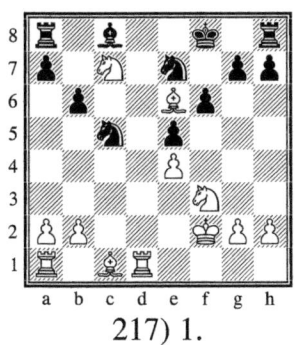
217) 1.

220) 1...

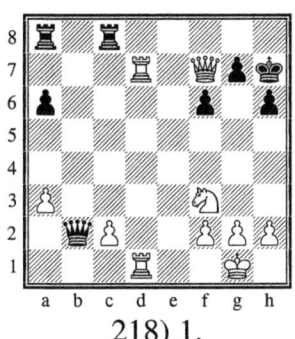
218) 1.

221) 1.♖fe1?

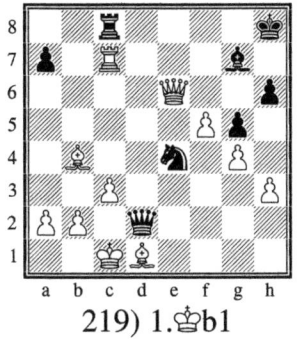
219) 1.♔b1

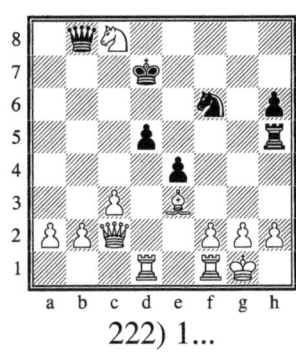
222) 1...

223) 1...

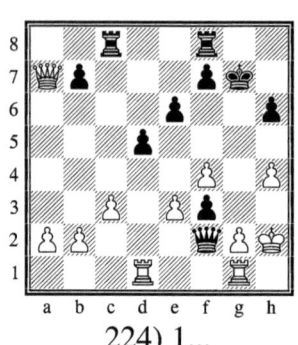

224) 1...

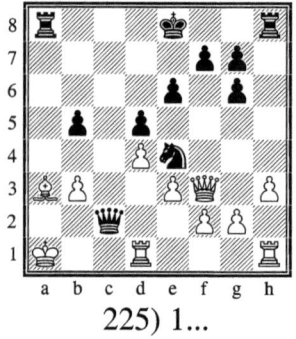

225) 1...

226) 1.

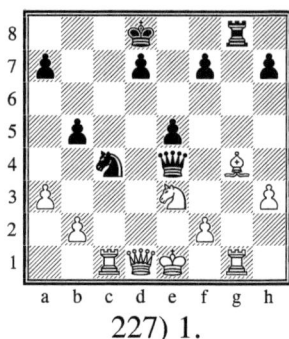

227) 1.

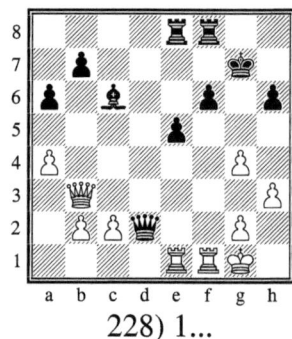

228) 1...

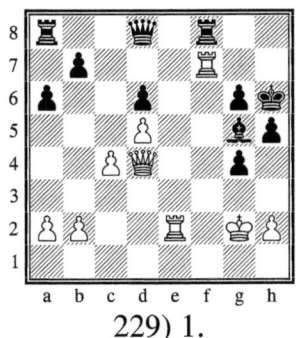
229) 1.

232) 1.

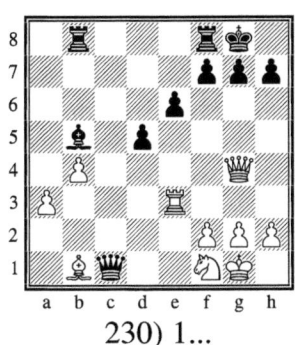
230) 1...

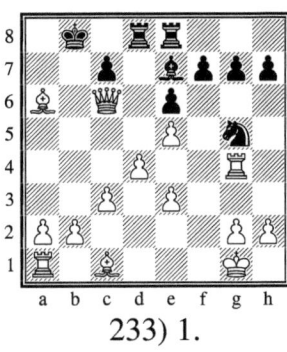
233) 1.

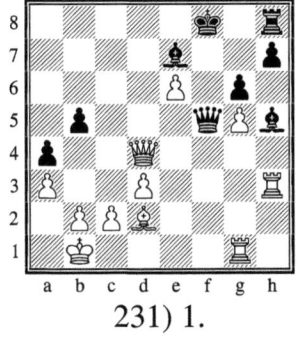
231) 1.

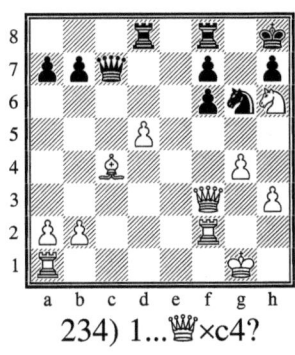
234) 1...♕×c4?

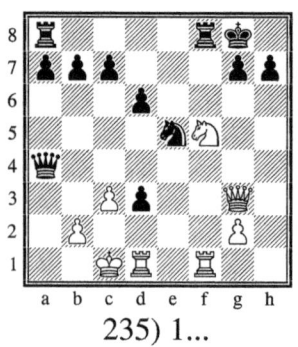

235) 1...

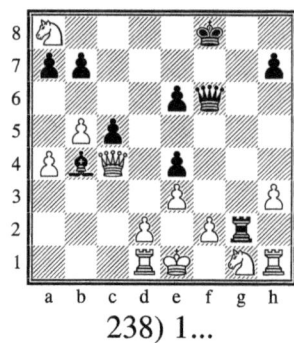

238) 1...

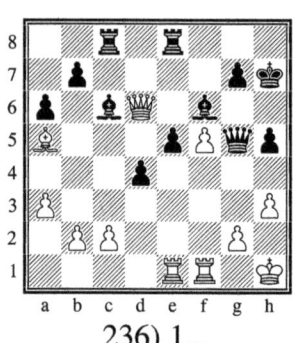

236) 1...

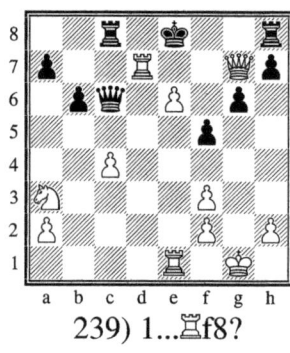

239) 1...♖f8?

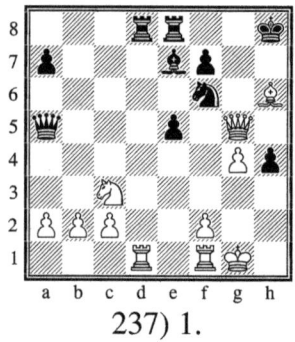

237) 1.

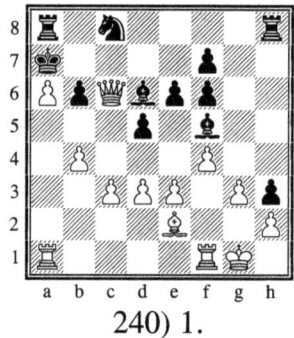

240) 1.

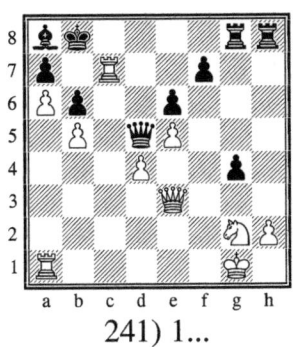

241) 1...

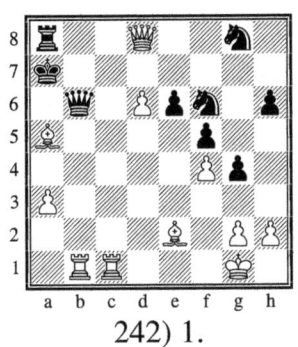

242) 1.

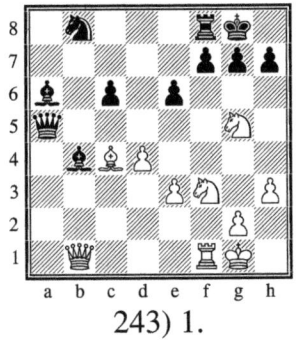

243) 1.

244) 1...

245) 1.

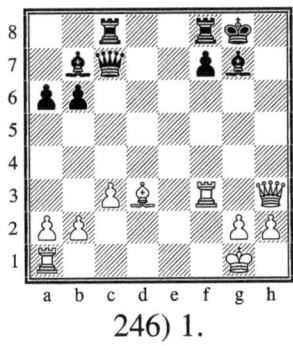

246) 1.

45

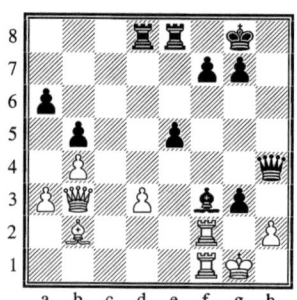
247) 1.♖×f3?

250) 1.

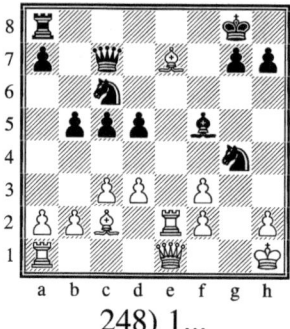
248) 1...

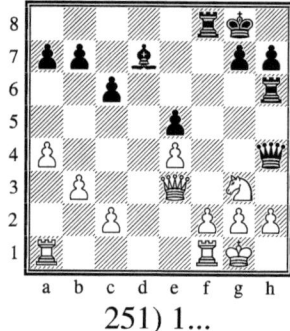
251) 1...

249) 1.

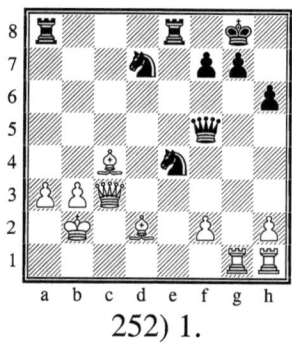
252) 1.

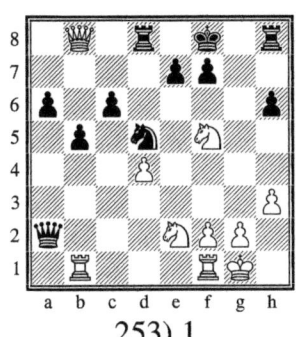

253) 1.

256) 1...

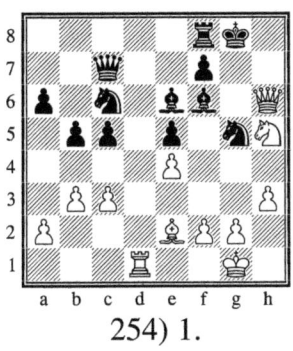

254) 1.

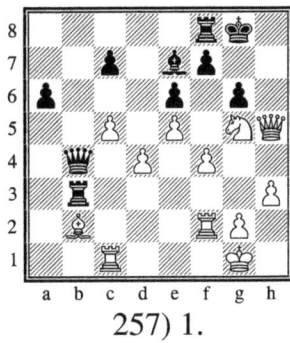

257) 1.

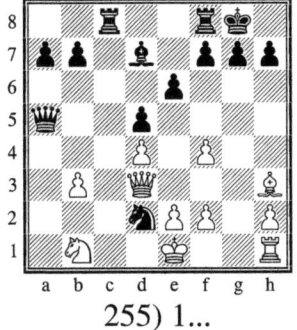

255) 1...

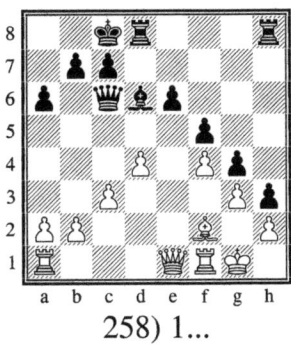

258) 1...

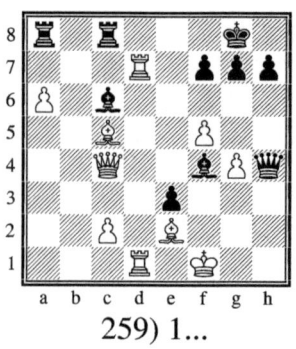

259) 1...

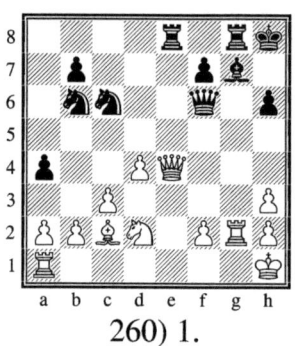

260) 1.

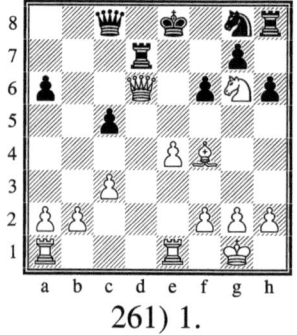

261) 1.

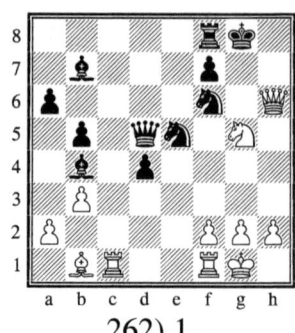

262) 1...

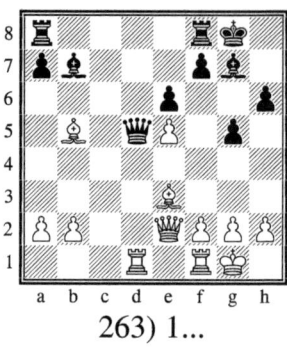

263) 1...

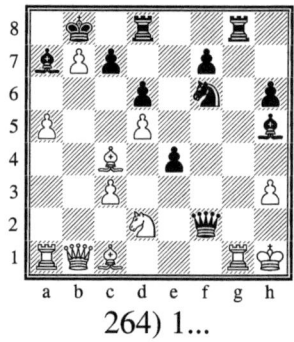

264) 1...

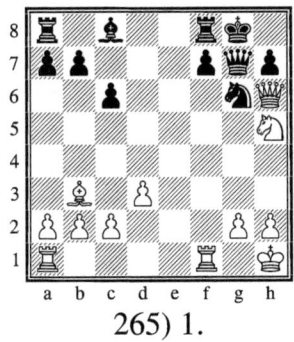
265) 1.

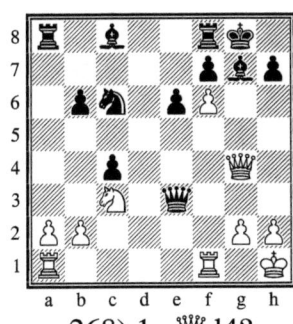
268) 1...♕d4?

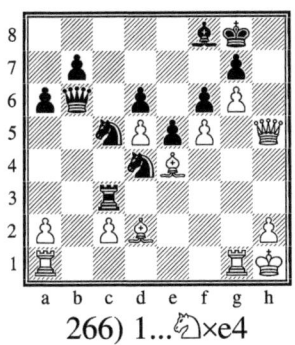
266) 1...♘xe4

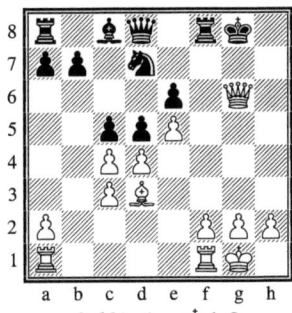
269) 1...♔h8

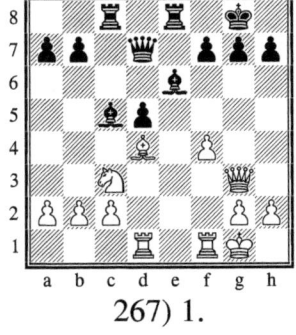
267) 1.

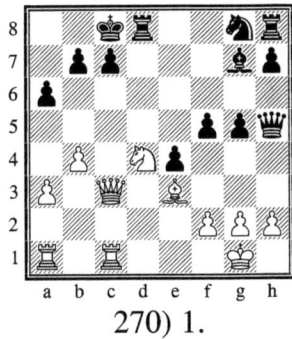
270) 1.

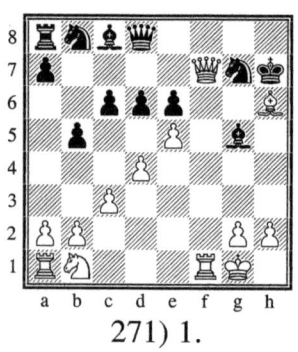

271) 1.

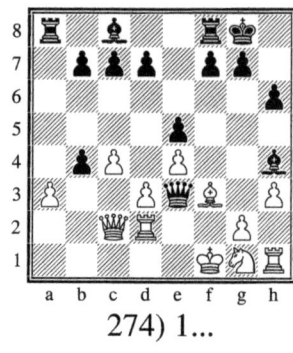

274) 1...

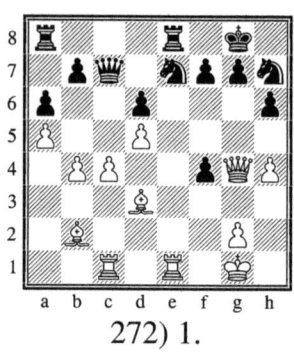

272) 1.

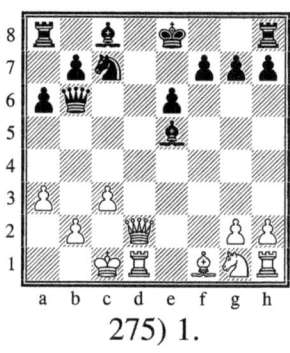

275) 1.

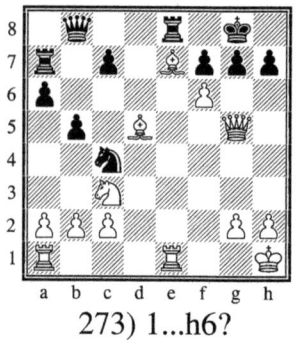

273) 1...h6?

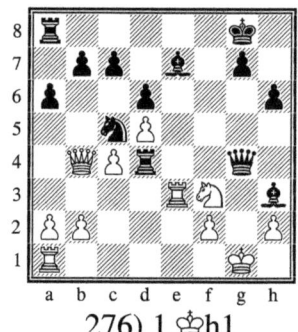

276) 1.♔h1

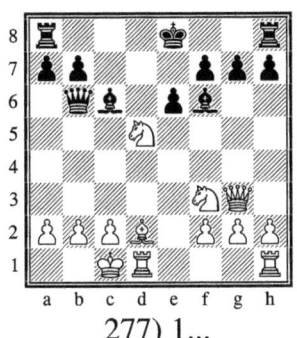
277) 1...

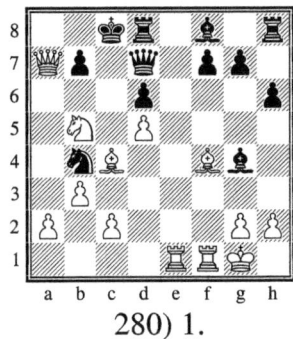
280) 1.

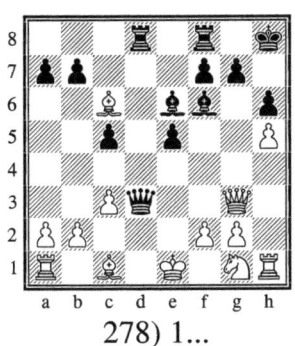
278) 1...

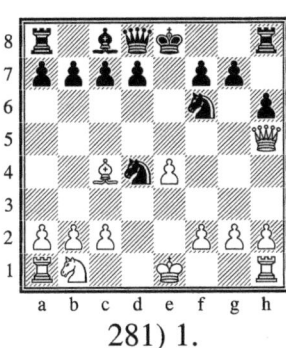
281) 1.

279) 1.

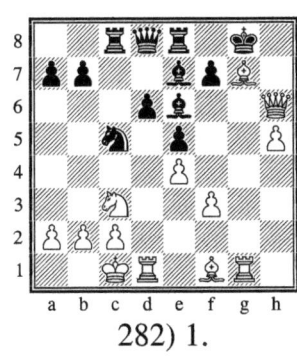
282) 1.

51

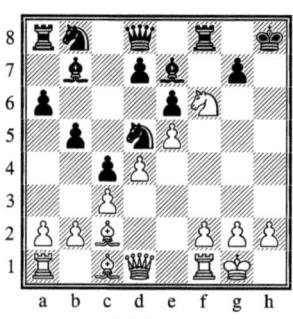
283) 1.

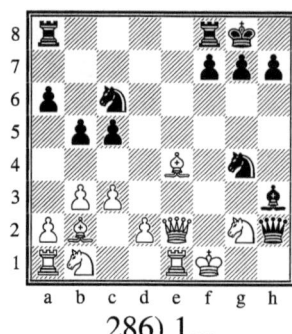
286) 1...

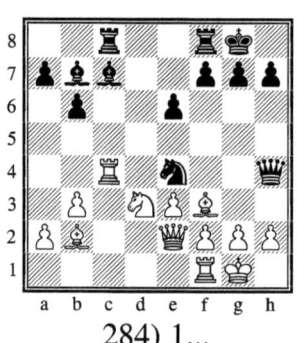
284) 1...

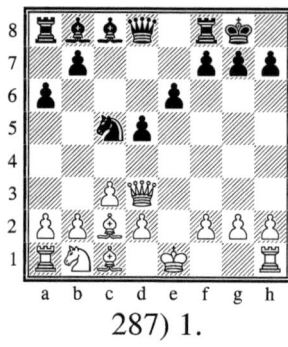
287) 1.

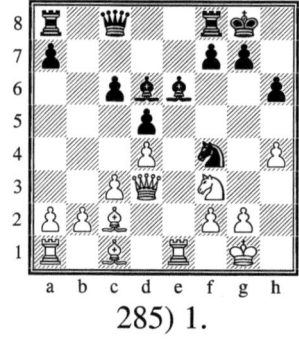
285) 1.

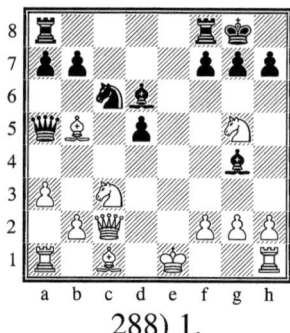
288) 1.

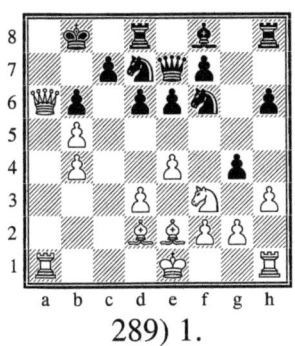
289) 1.

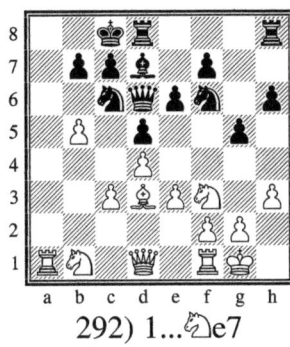
292) 1...♘e7

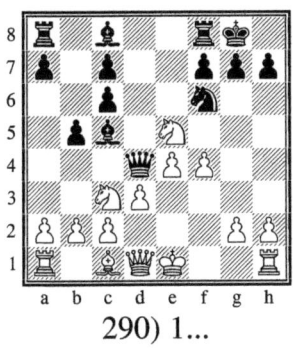
290) 1...

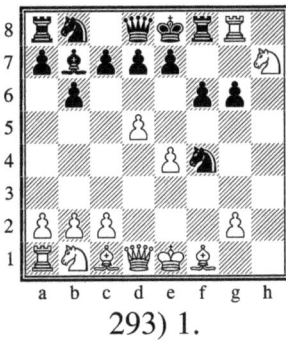
293) 1.

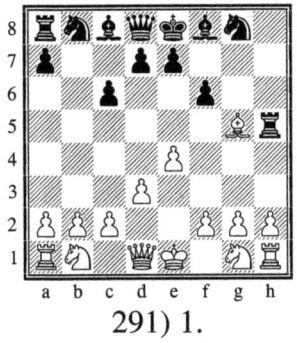
291) 1.

294) 1.

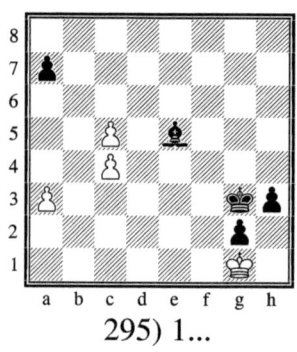
295) 1...

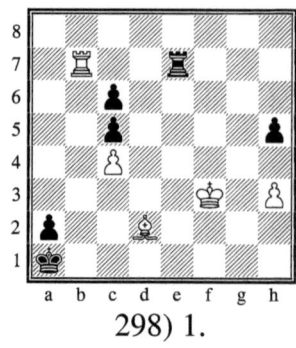
298) 1.

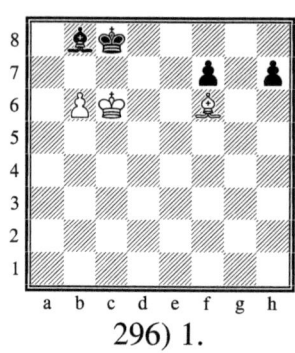
296) 1.

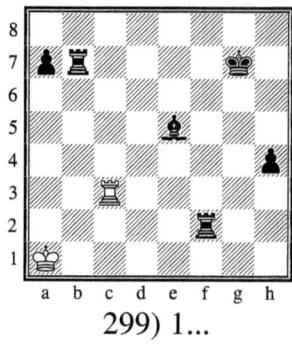
299) 1...

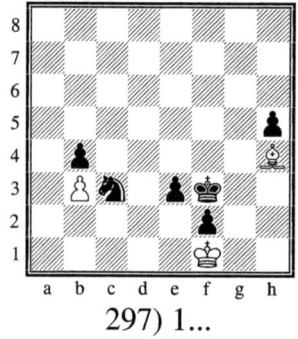
297) 1...

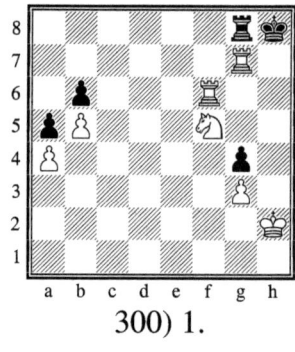
300) 1.

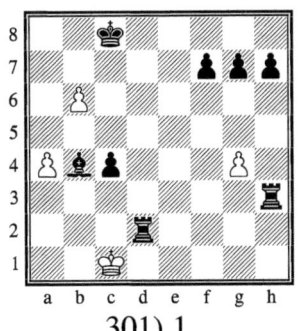
301) 1...

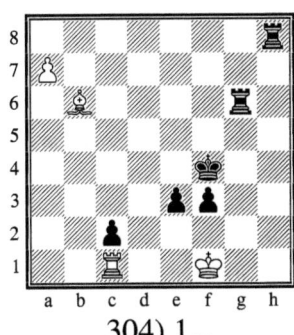
304) 1...

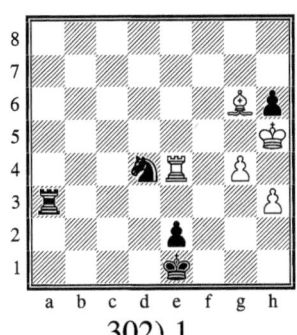
302) 1...

305) 1.

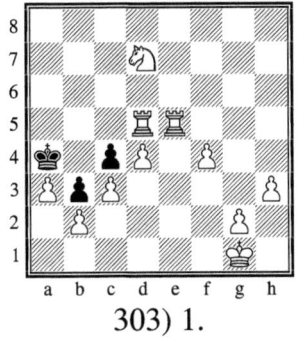
303) 1.

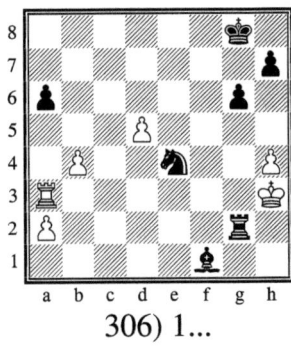
306) 1...

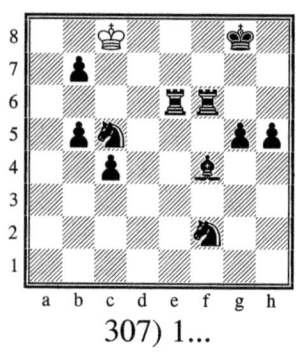
307) 1...

310) 1...

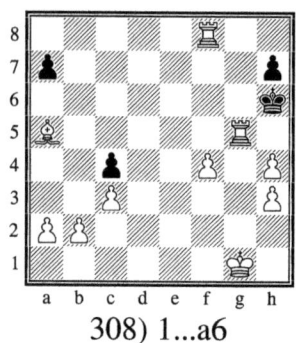
308) 1...a6

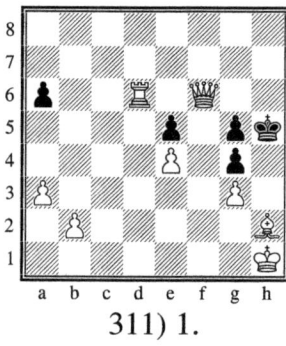
311) 1.

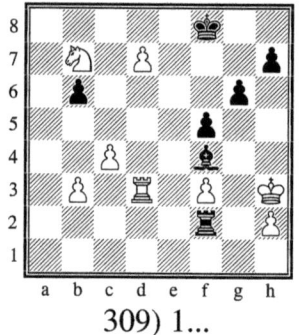
309) 1...

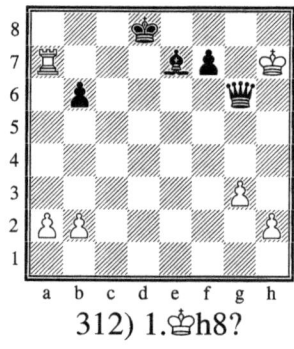
312) 1.♔h8?

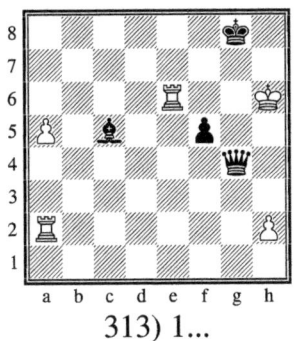
313) 1...

316) 1.

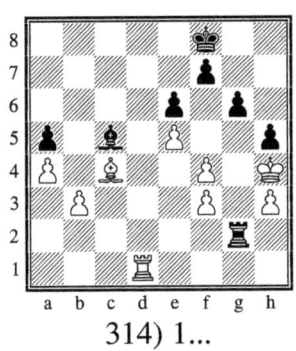
314) 1...

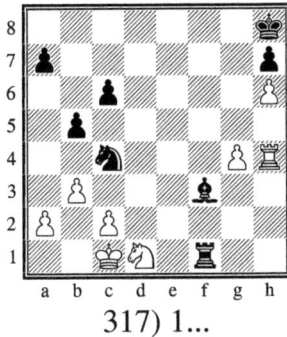
317) 1...

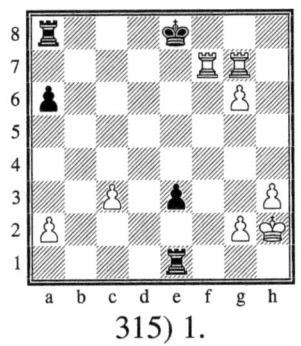
315) 1.

318) 1.♖e1

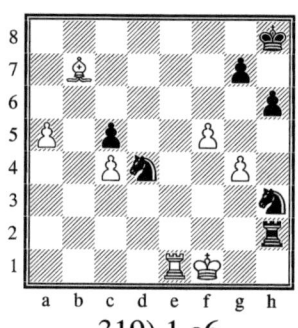
319) 1.a6

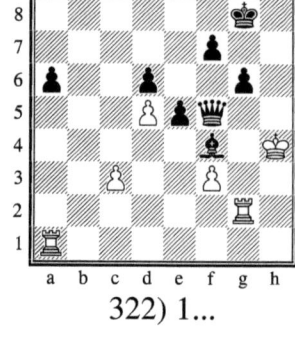
322) 1...

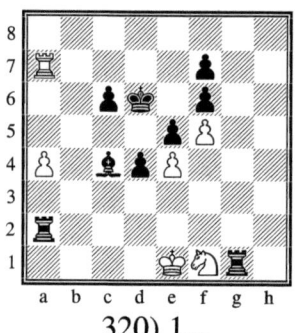
320) 1...

323) 1...

321) 1...

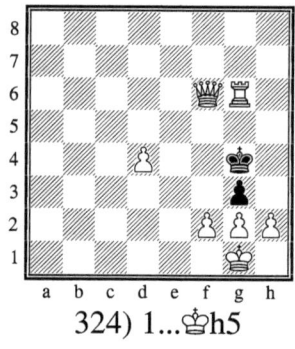
324) 1...♔h5

58

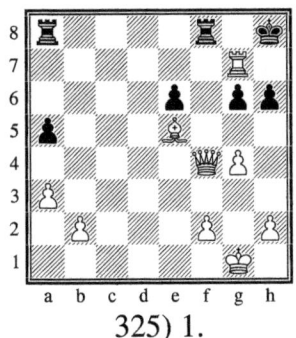
325) 1.

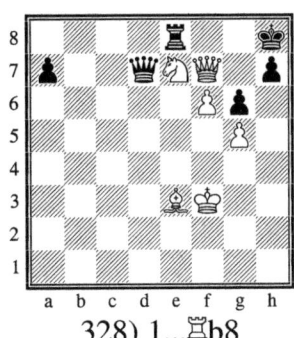
328) 1...♖b8

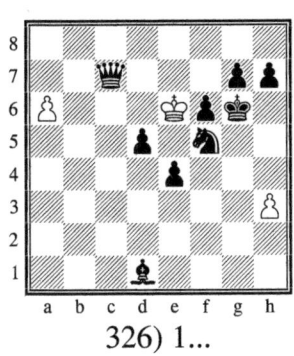
326) 1...

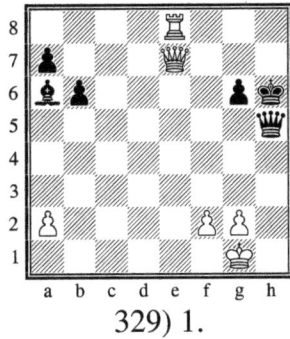
329) 1.

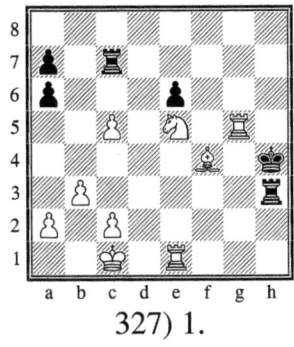
327) 1.

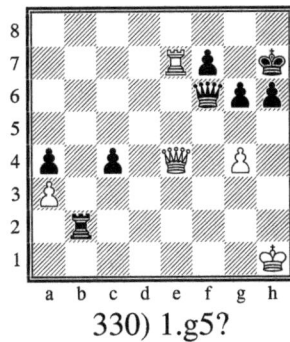
330) 1.g5?

59

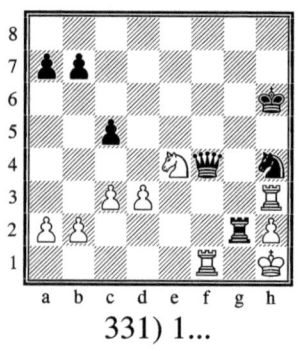
331) 1...

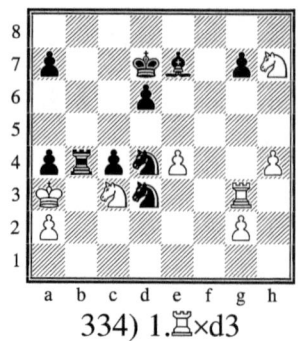
334) 1.♖×d3

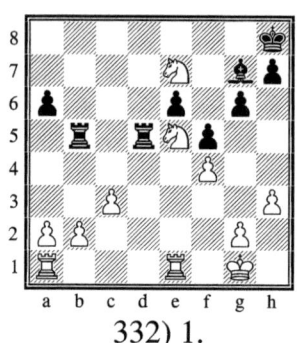
332) 1.

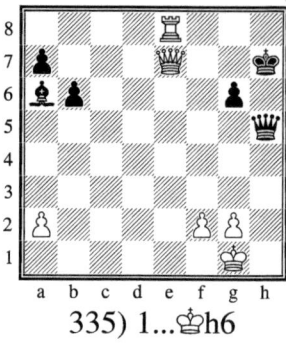
335) 1...♔h6

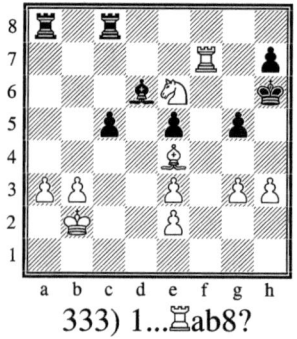
333) 1...♖ab8?

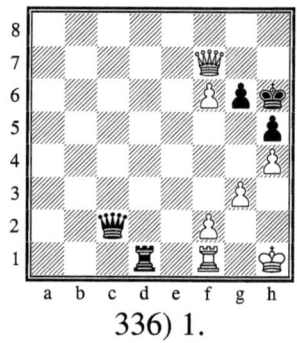
336) 1.

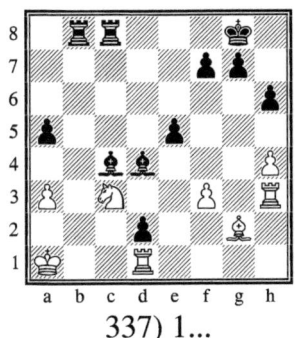
337) 1...

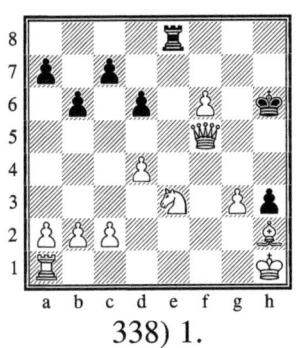
338) 1.

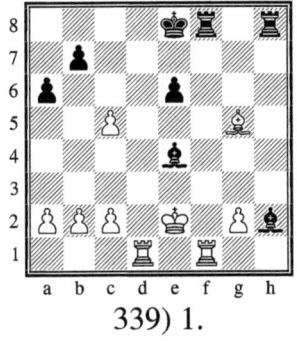
339) 1.

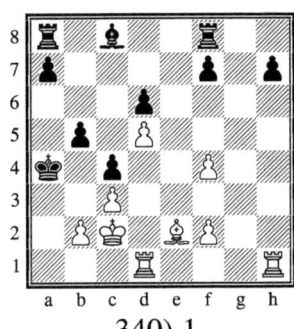
340) 1.

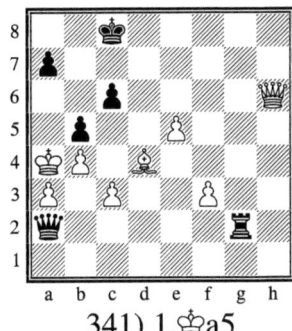
341) 1.♔a5

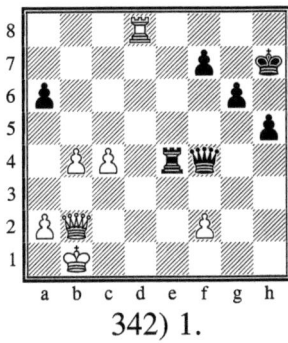
342) 1.

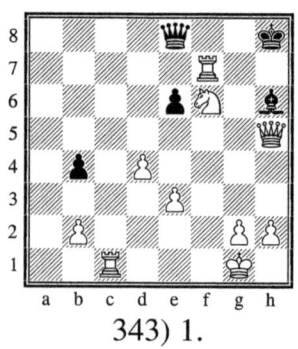

343) 1.

346) 1.

344) 1...

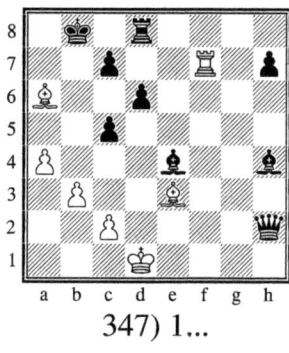

347) 1...

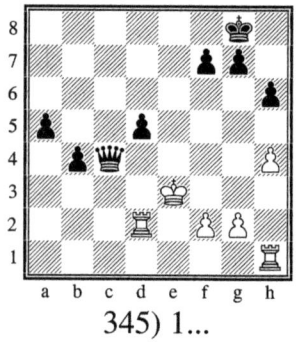

345) 1...

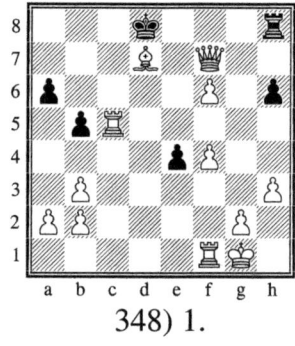

348) 1.

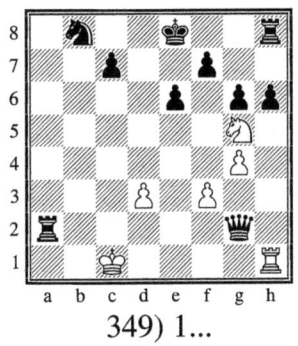

349) 1...

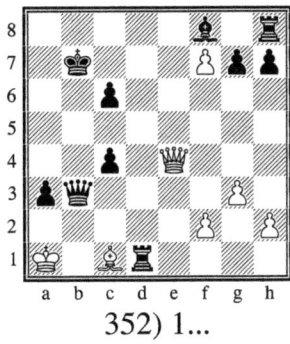

352) 1...

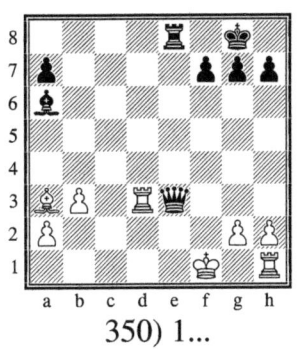

350) 1...

353) 1.

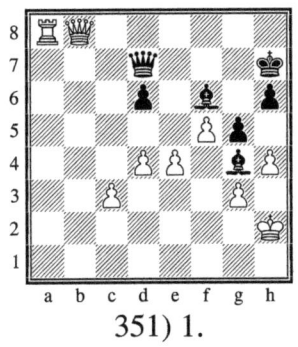

351) 1.

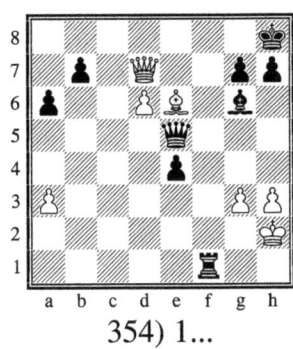

354) 1...

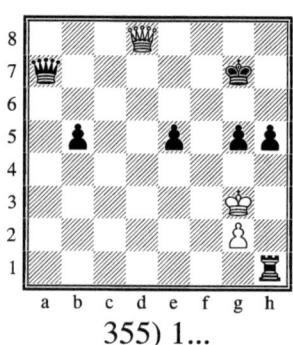
355) 1...

358) 1...

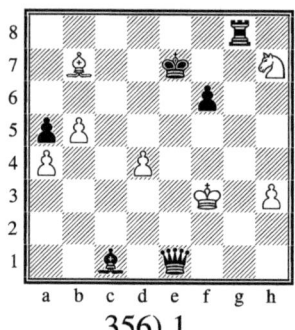
356) 1...

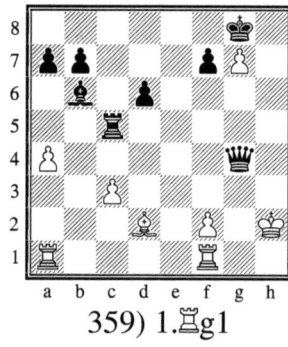
359) 1.♖g1

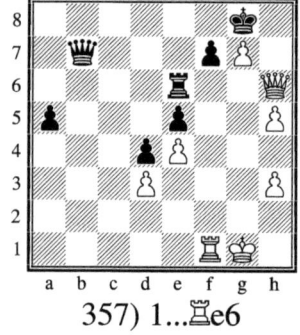
357) 1...♖e6

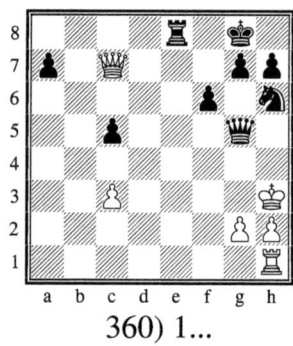
360) 1...

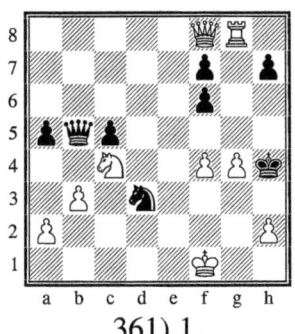
361) 1.

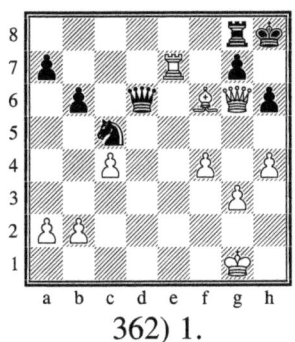
362) 1.

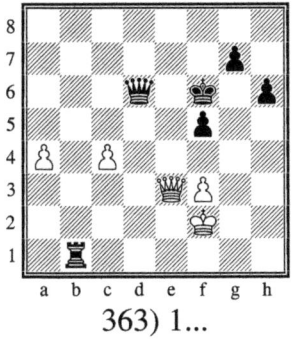
363) 1...

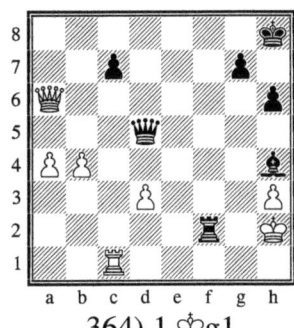
364) 1.♔g1

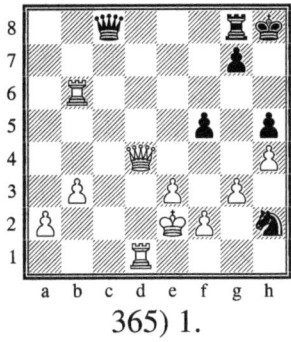
365) 1.

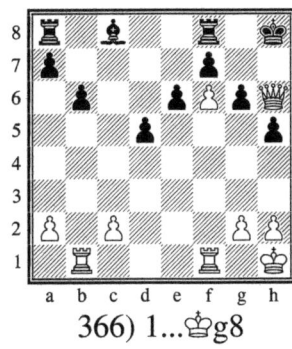
366) 1...♔g8

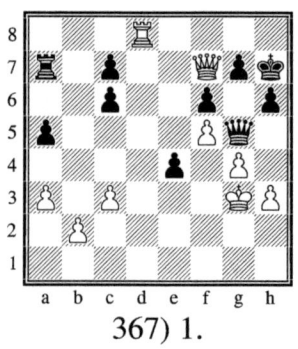
367) 1.

370) 1...

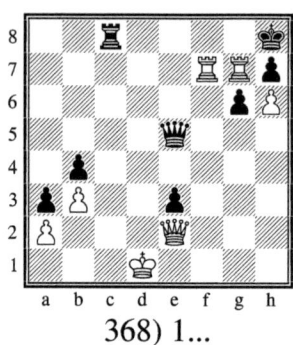
368) 1...

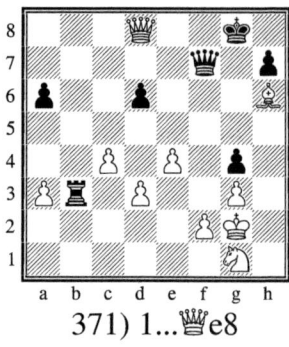
371) 1...♛e8

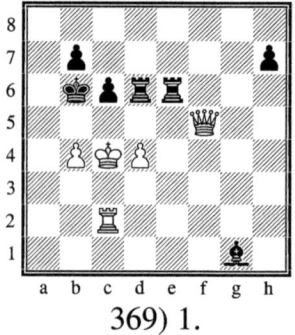
369) 1.

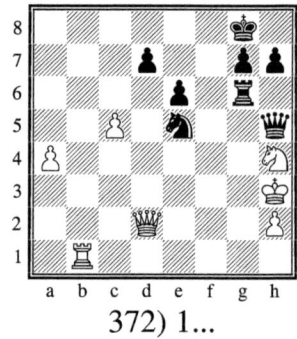
372) 1...

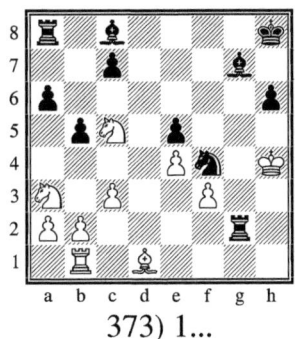
373) 1...

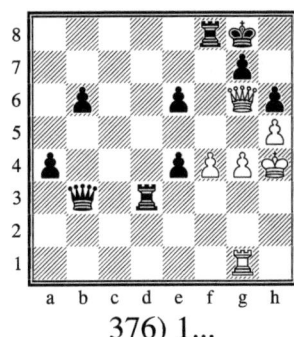
376) 1...

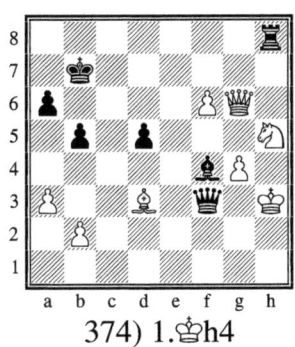
374) 1.♔h4

377) 1...

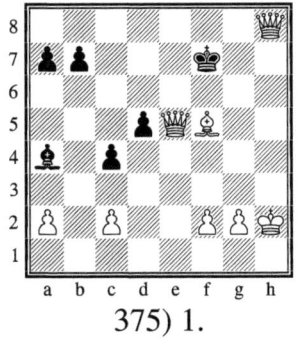
375) 1.

378) 1.

67

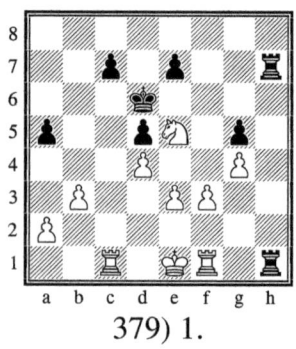

379) 1.

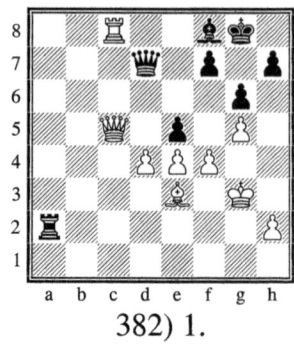

382) 1.

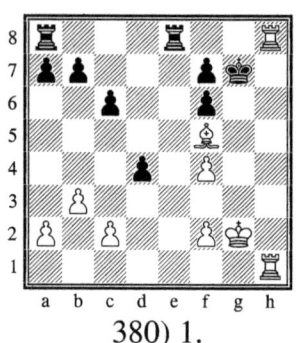

380) 1.

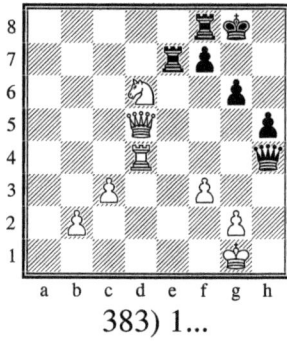

383) 1...

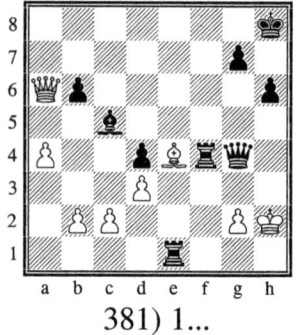

381) 1...

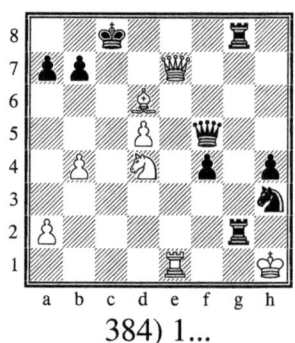

384) 1...

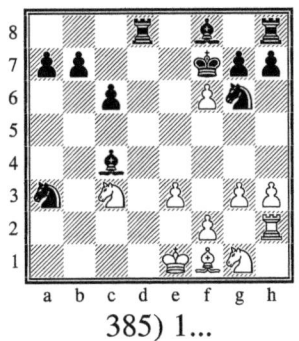
385) 1...

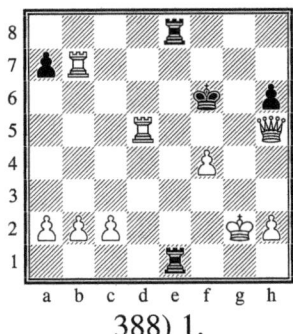
388) 1.

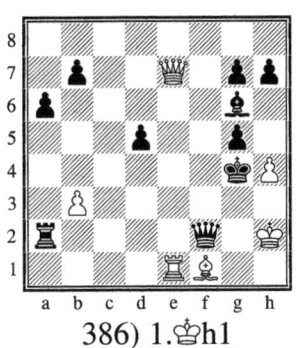
386) 1.♔h1

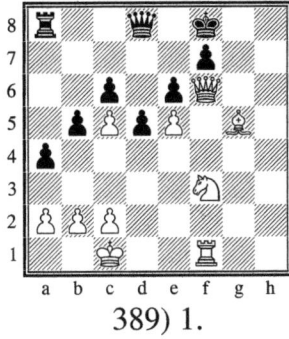
389) 1.

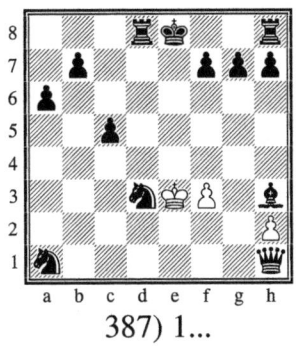
387) 1...

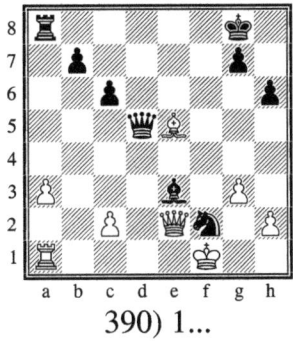
390) 1...

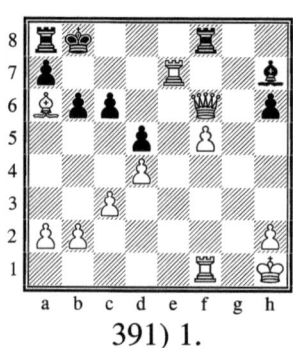

391) 1.

394) 1.

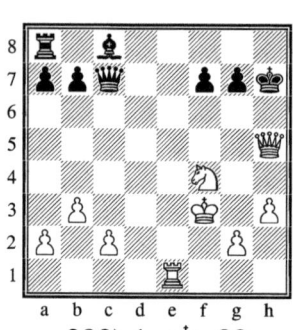

392) 1...♔g8?

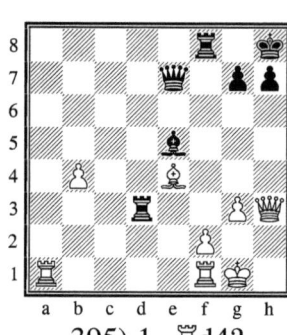

395) 1...♖d4?

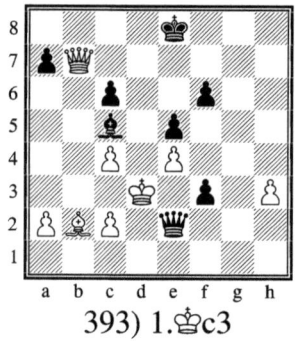

393) 1.♔c3

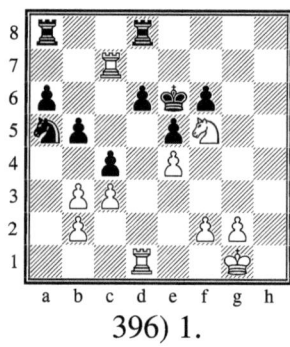

396) 1.

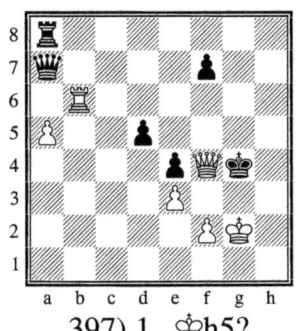

397) 1...♔h5?

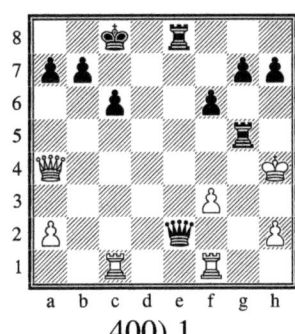

400) 1...

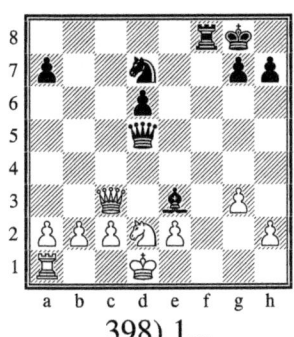

398) 1...

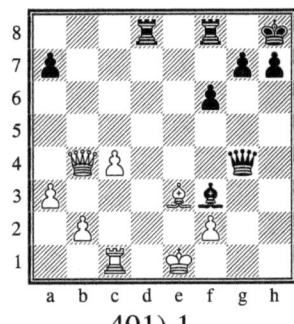

401) 1...

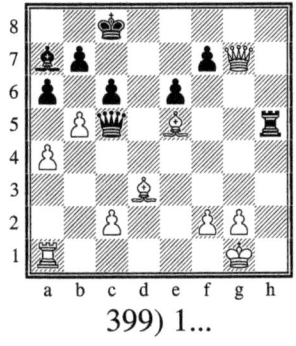

399) 1...

402) 1.

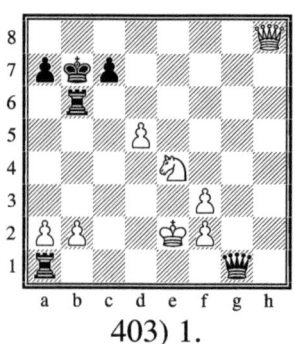
403) 1.

406) 1.

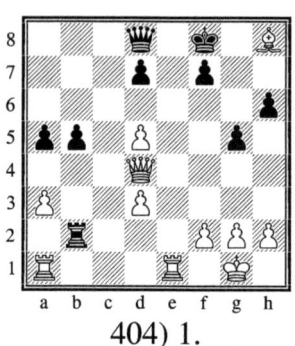
404) 1.

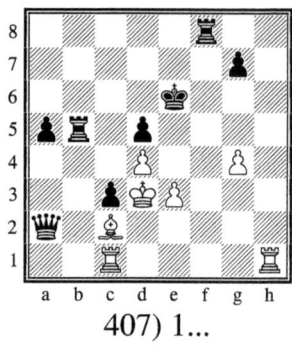
407) 1...

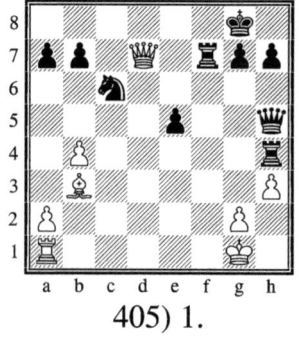
405) 1.

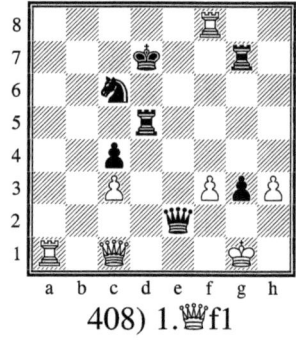
408) 1.♕f1

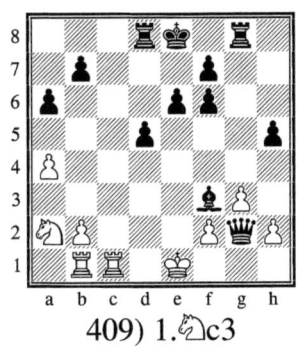

409) 1.♘c3

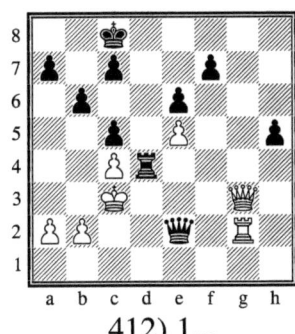

412) 1...

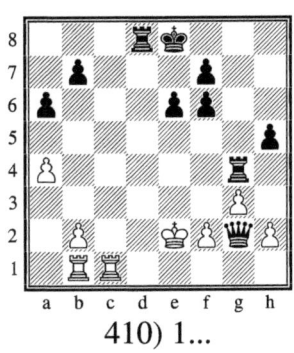

410) 1...

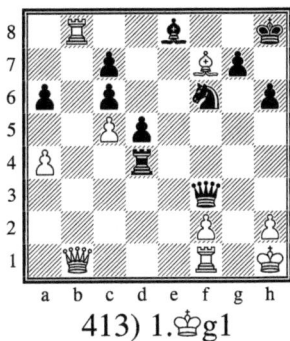

413) 1.♔g1

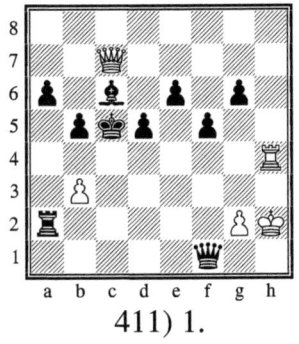

411) 1.

414) 1.

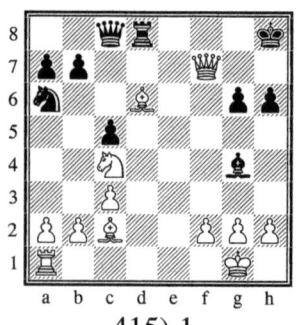

415) 1.

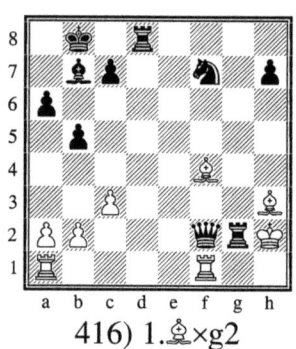

416) 1.♗×g2

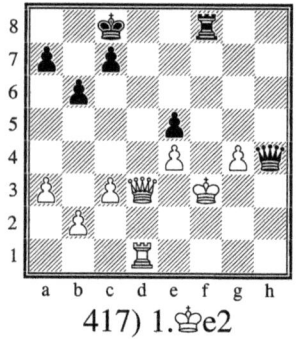

417) 1.♔e2

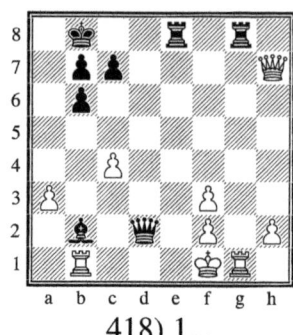

418) 1...

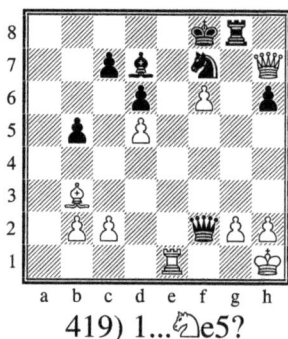

419) 1...♘e5?

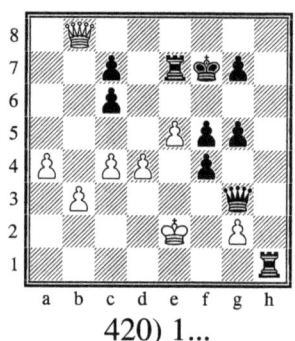

420) 1...

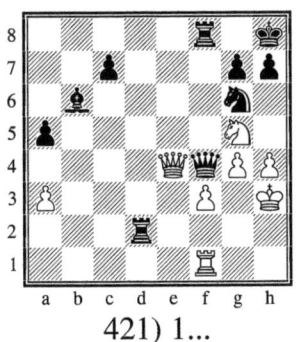
421) 1...

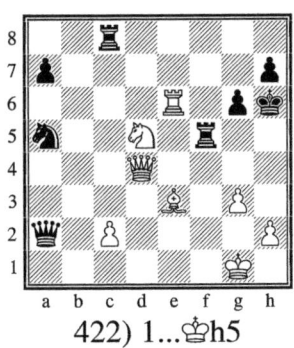
422) 1...♔h5

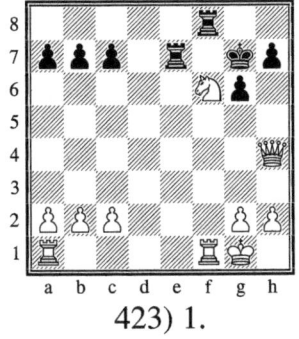
423) 1.

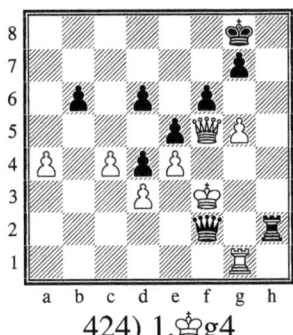
424) 1.♔g4

425) 1...

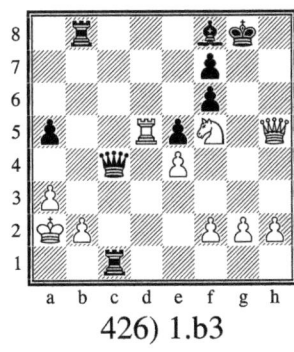
426) 1.b3

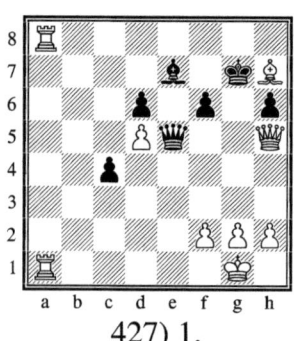

427) 1.

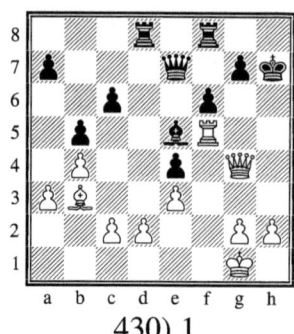

430) 1.

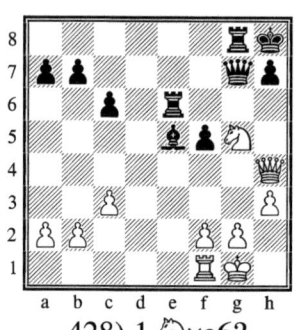

428) 1.♘×e6?

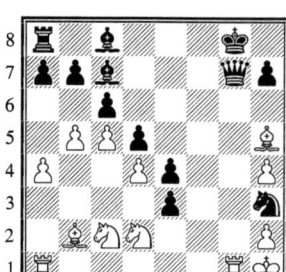

431) 1...

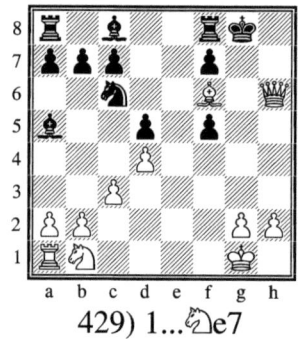

429) 1...♘e7

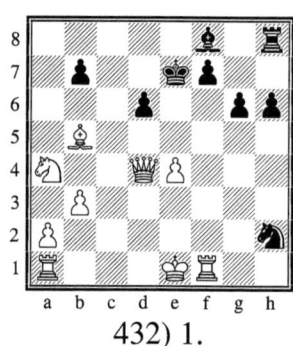

432) 1.

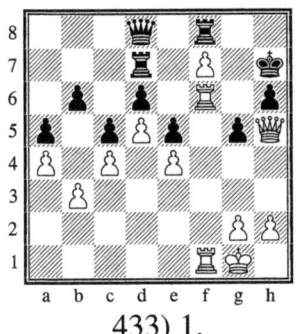

433) 1.

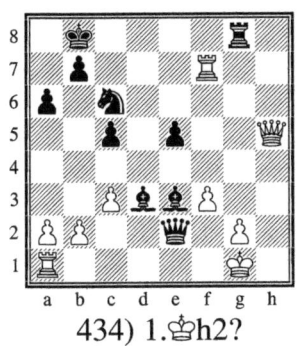

434) 1.♔h2?

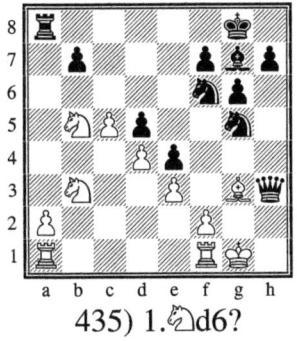

435) 1.♘d6?

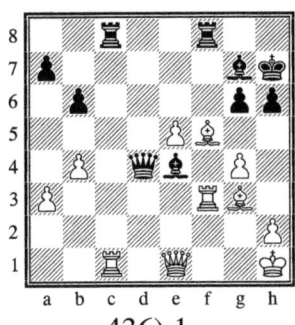

436) 1...

437) 1...

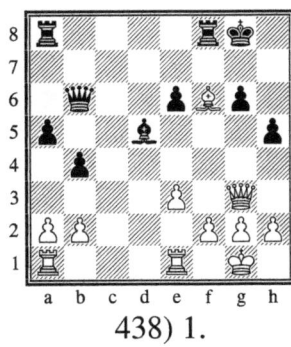

438) 1.

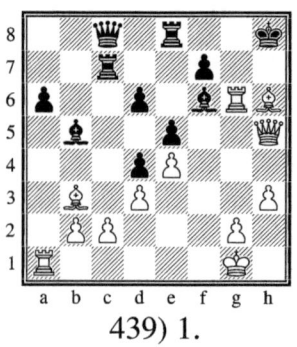

439) 1.

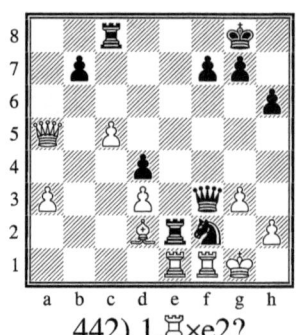

442) 1.♖×e2?

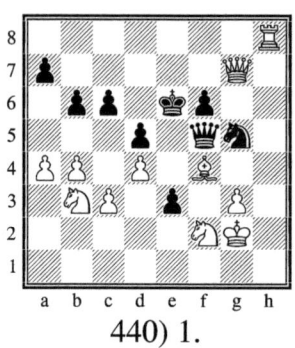

440) 1.

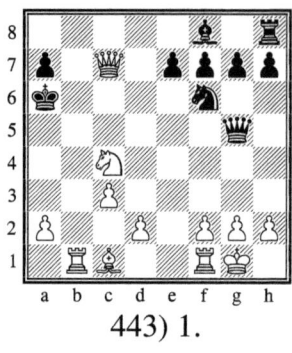

443) 1.

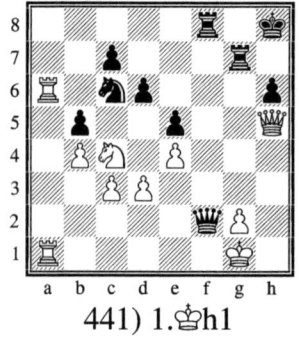

441) 1.♔h1

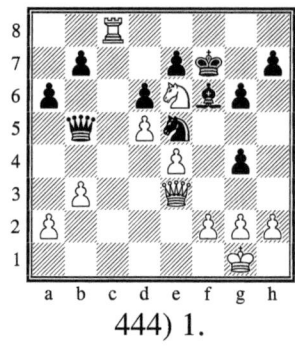

444) 1.

445) 1...

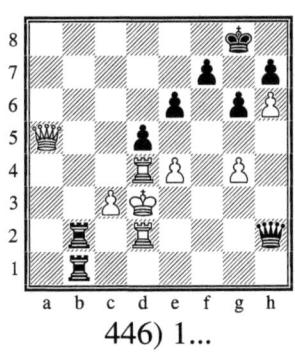

446) 1...

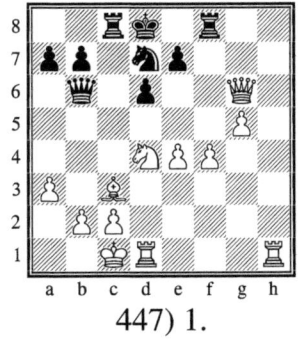

447) 1.

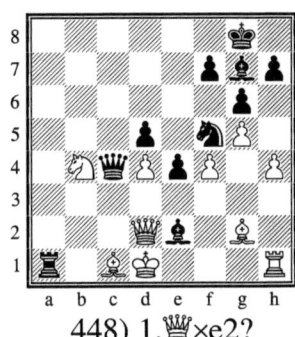

448) 1.♕×e2?

449) 1...

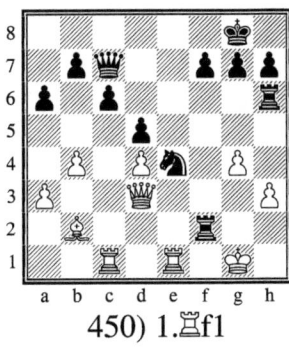

450) 1.♖f1

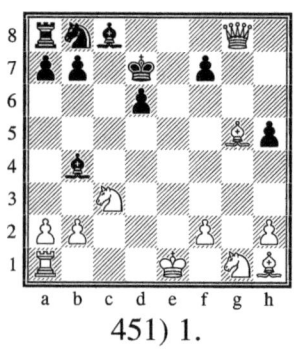
451) 1.

454) 1...♔f8

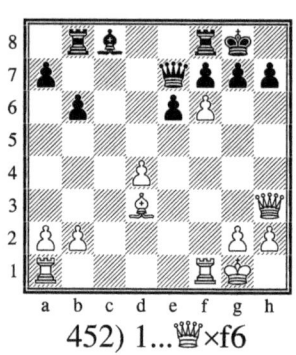
452) 1...♕×f6

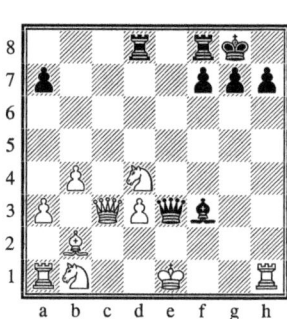
455) 1.♘e2

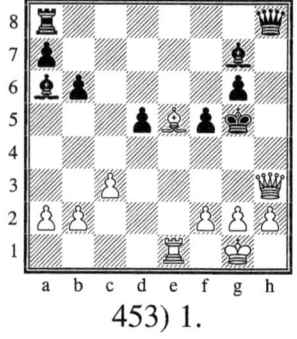
453) 1.

456) 1...

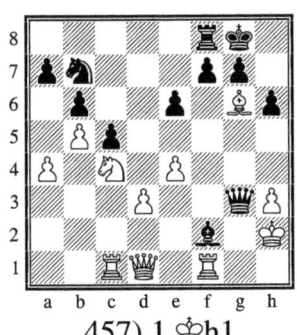
457) 1.♔h1

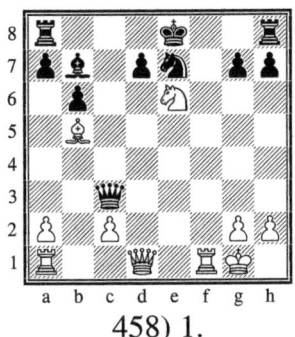
458) 1.

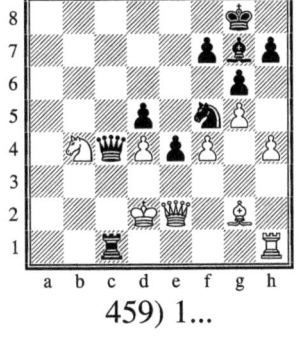
459) 1...

460) 1...

461) 1.♔h1

462) 1...♔h8

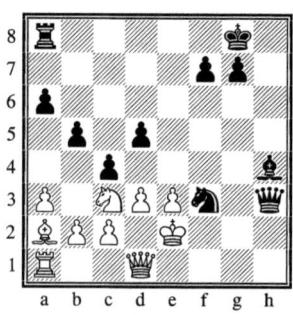

463) 1...

466) 1...

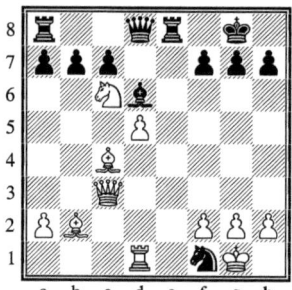

464) 1...♕h4?

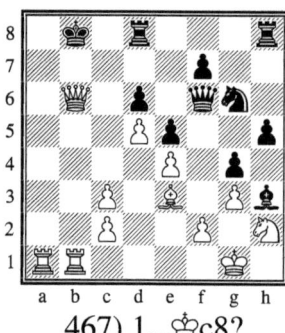

467) 1...♔c8?

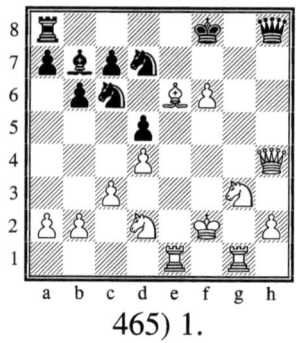

465) 1.

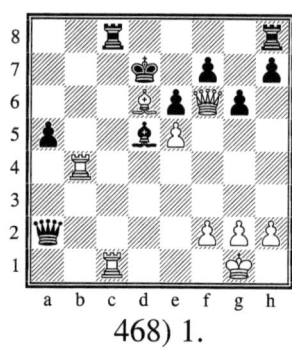

468) 1.

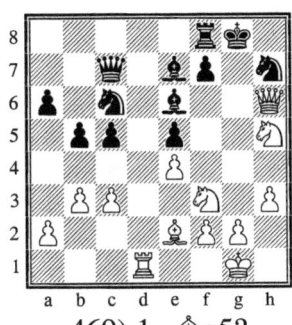

469) 1...♗g5?

472) 1.

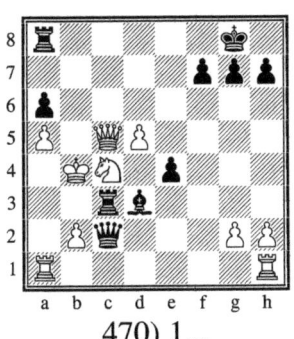

470) 1...

473) 1...

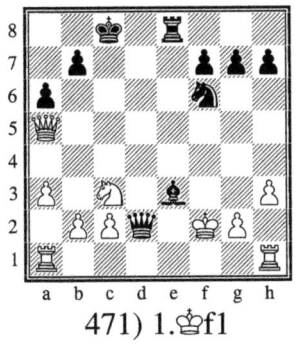

471) 1.♔f1

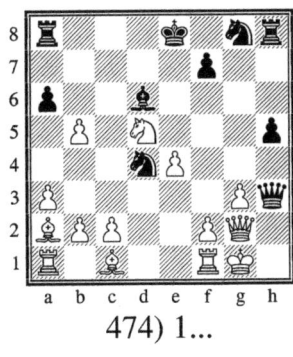

474) 1...

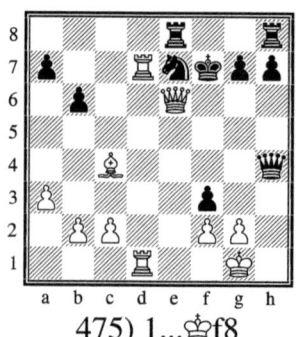
475) 1...♔f8

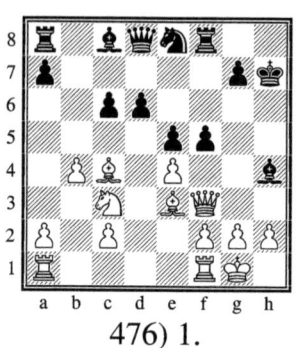
476) 1.

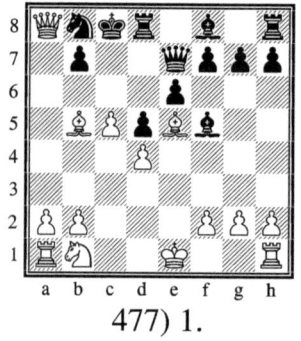
477) 1.

478) 1.

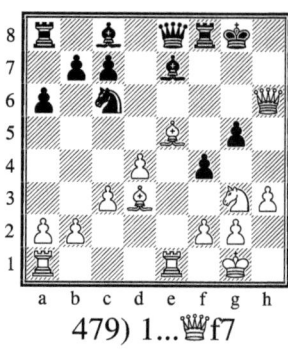
479) 1...♕f7

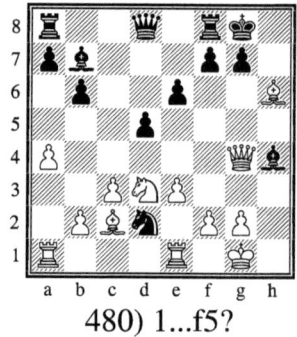
480) 1...f5?

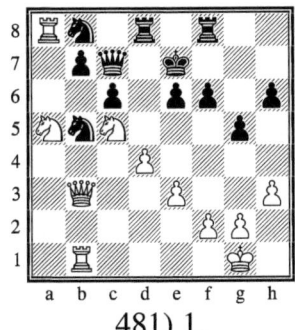

481) 1.

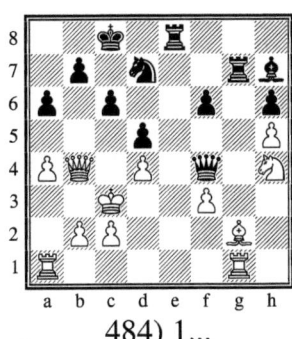

484) 1...

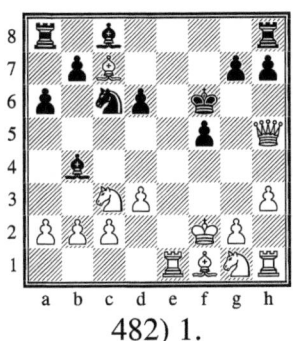

482) 1.

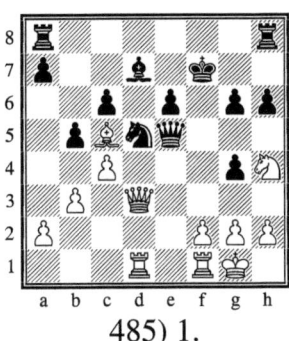

485) 1.

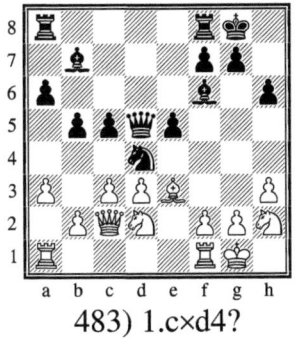

483) 1.c×d4?

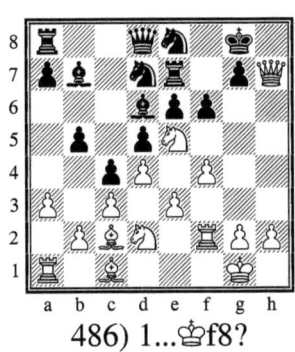

486) 1...♔f8?

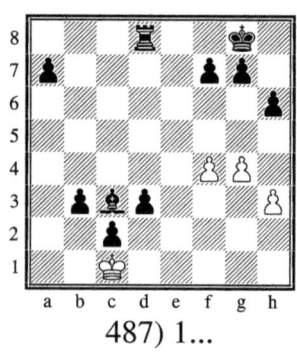

487) 1...

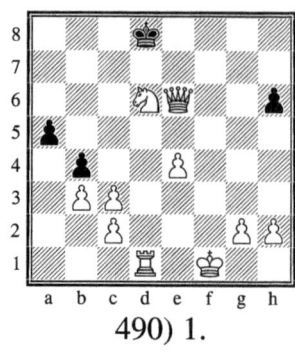

490) 1.

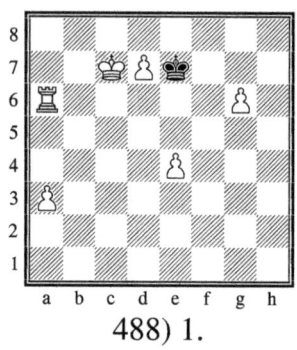

488) 1.

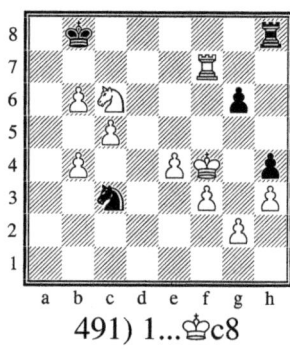

491) 1...♔c8

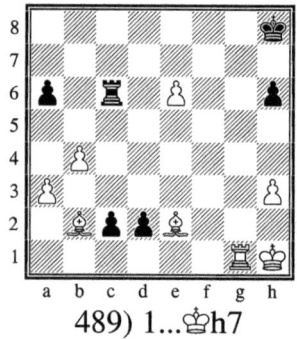

489) 1...♔h7

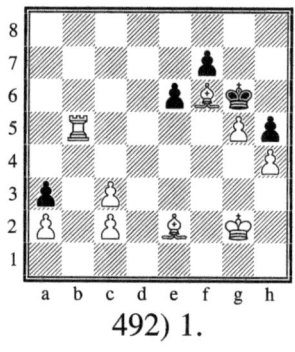

492) 1.

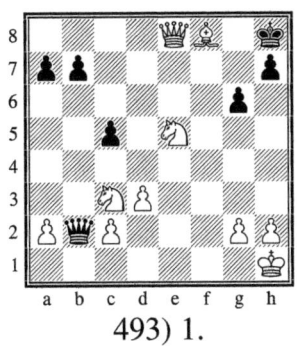
493) 1.

496) 1...

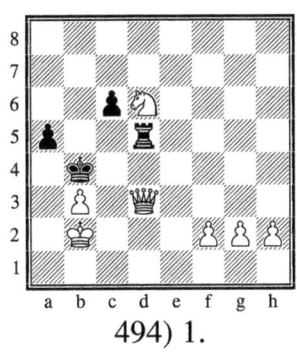
494) 1.

497) 1...

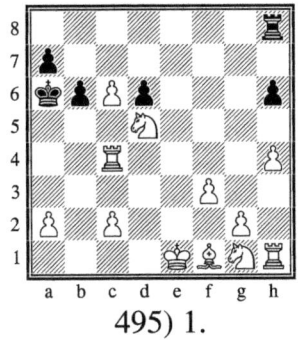
495) 1.

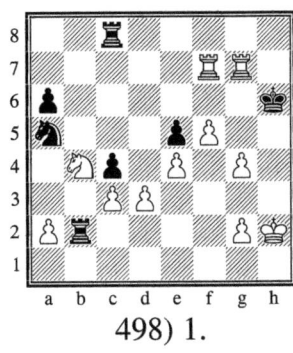
498) 1.

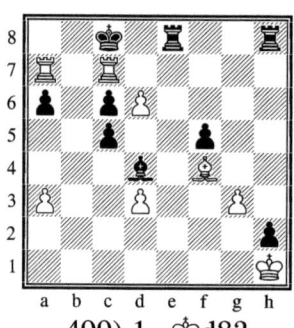

499) 1...♔d8?

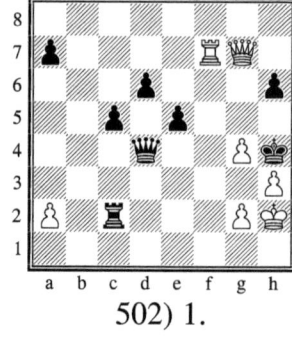

502) 1.

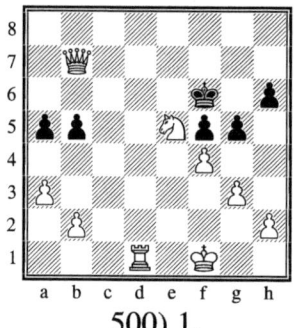

500) 1.

503) 1...

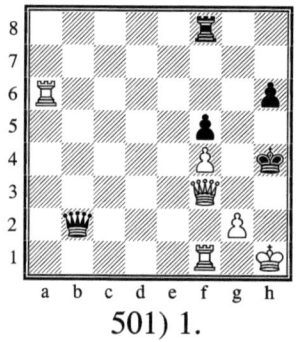

501) 1.

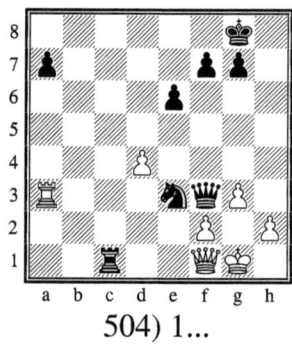

504) 1...

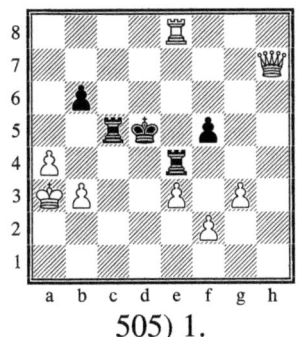

505) 1.

508) 1...

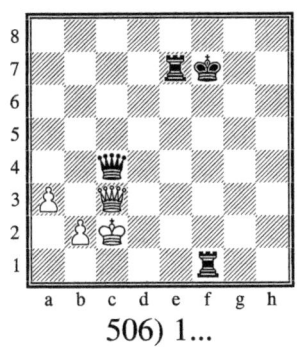

506) 1...

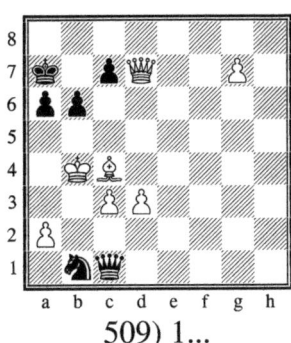

509) 1...

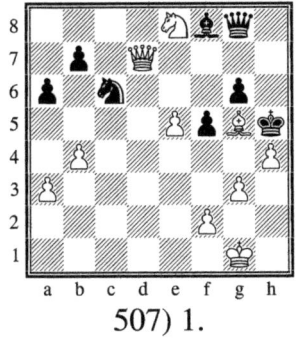

507) 1.

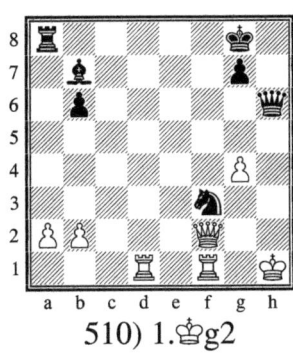

510) 1.♔g2

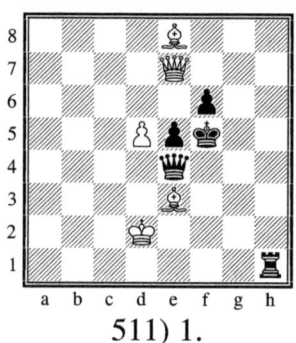

511) 1.

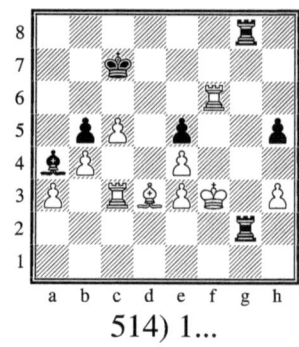

514) 1...

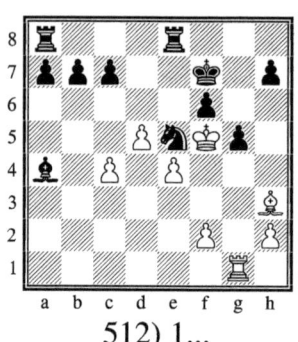

512) 1...

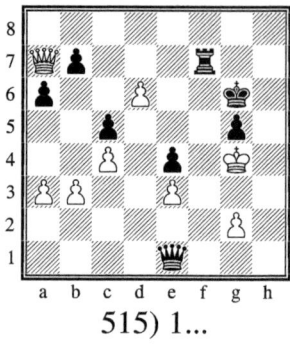

515) 1...

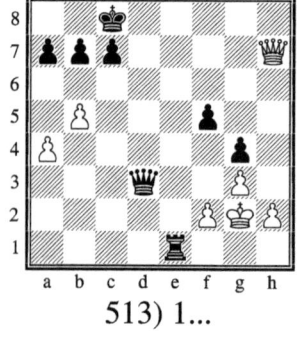

513) 1...

516) 1.♖d1?

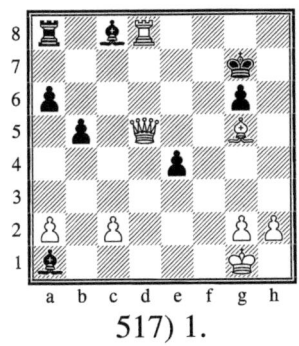
517) 1.

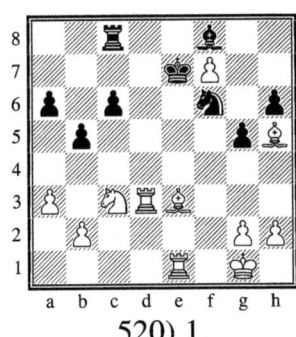
520) 1.

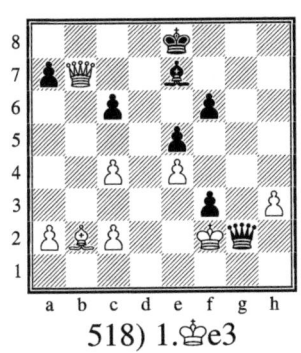
518) 1.♔e3

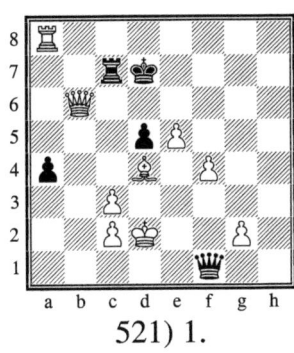
521) 1.

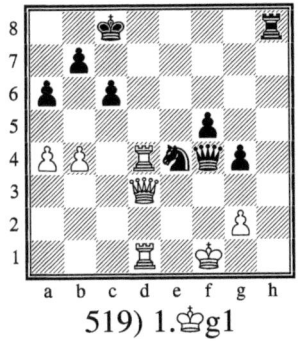
519) 1.♔g1

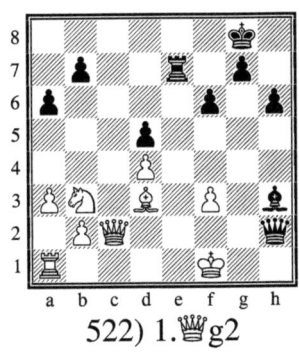
522) 1.♕g2

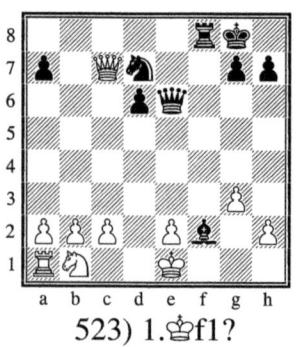

523) 1.♔f1?

526) 1.♔d2

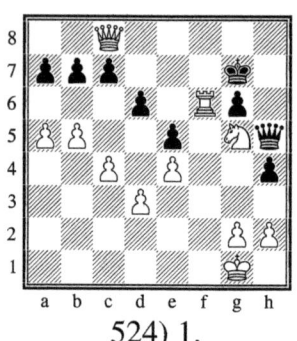

524) 1.

527) 1...

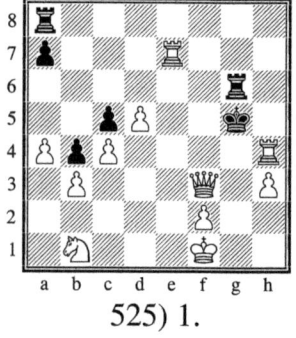

525) 1.

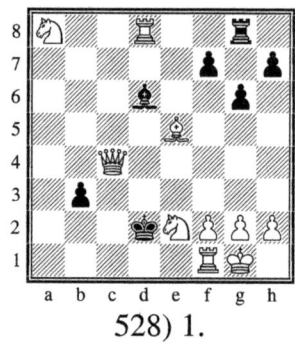

528) 1.

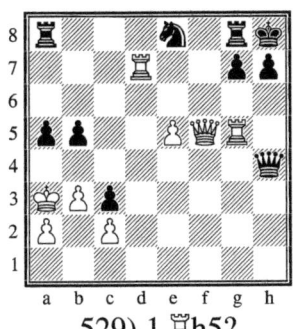
529) 1.♖h5?

532) 1...

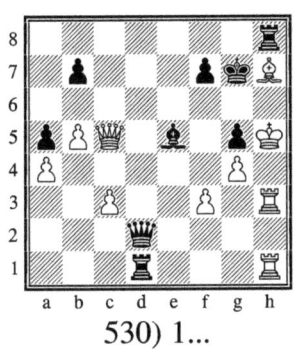
530) 1...

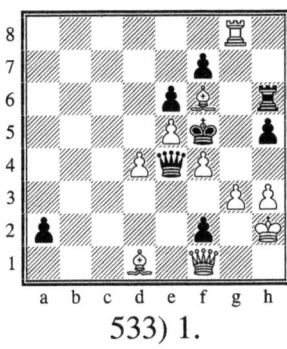
533) 1.

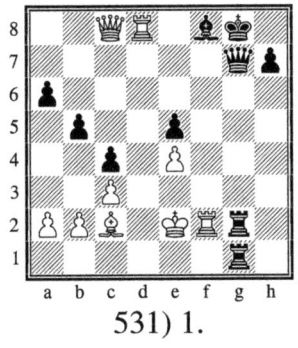
531) 1.

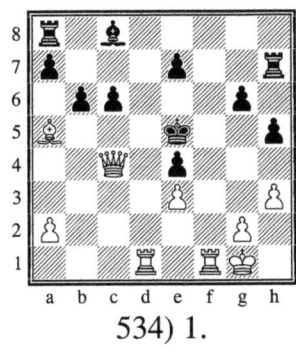
534) 1.

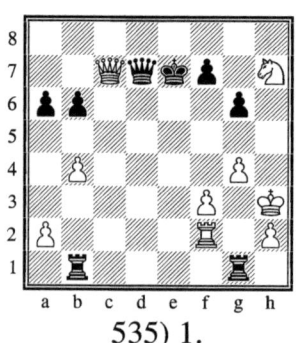

535) 1.

538) 1...

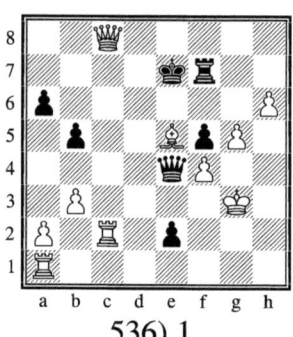

536) 1.

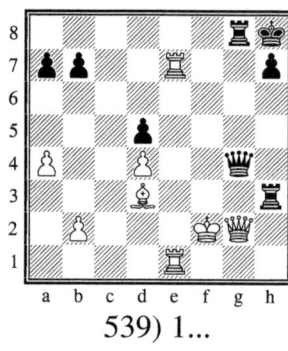

539) 1...

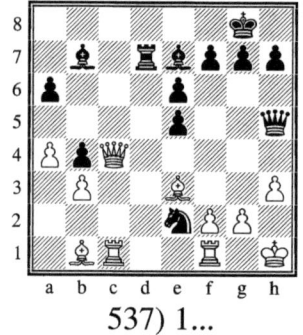

537) 1...

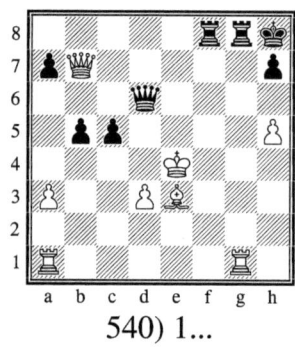

540) 1...

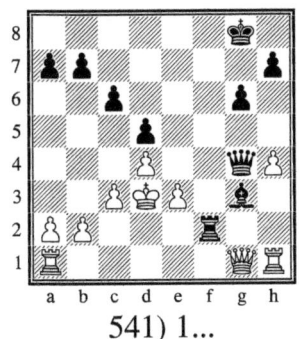

541) 1...

544) 1.

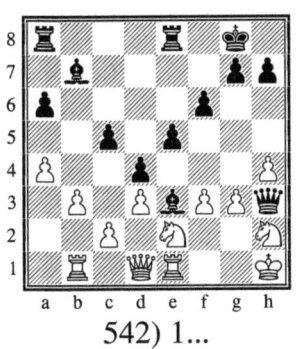

542) 1...

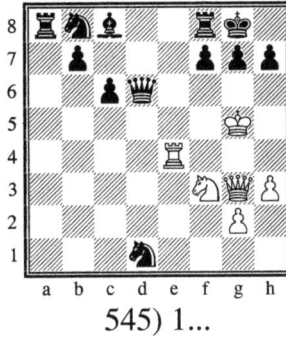

545) 1...

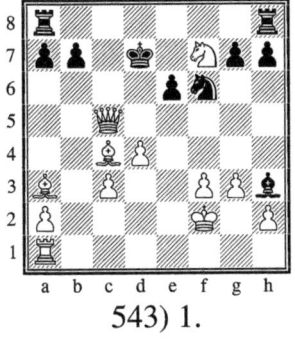

543) 1.

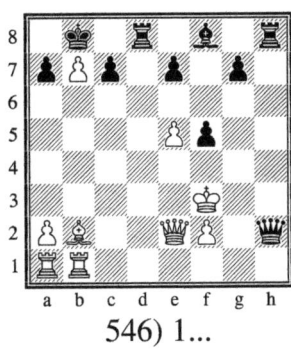

546) 1...

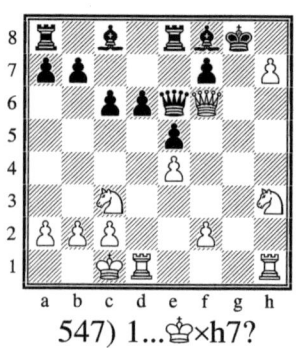
547) 1...♔×h7?

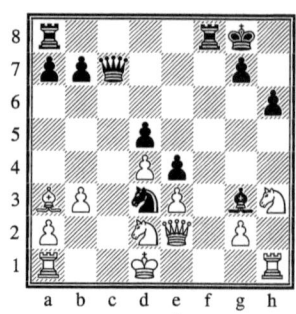
550) 1.♗×f8?

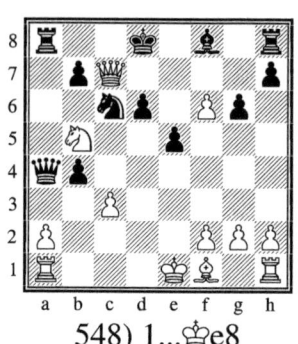
548) 1...♔e8

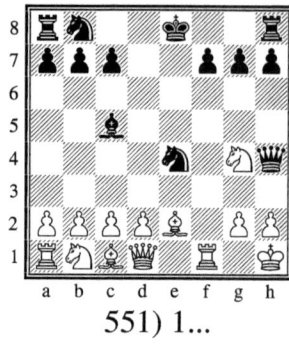
551) 1...

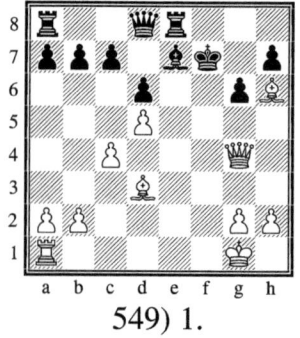
549) 1.

552) 1.

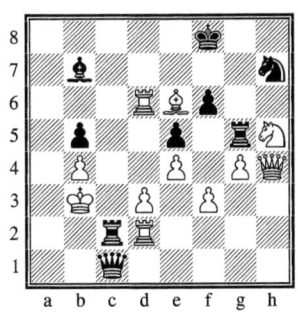
553) 1...

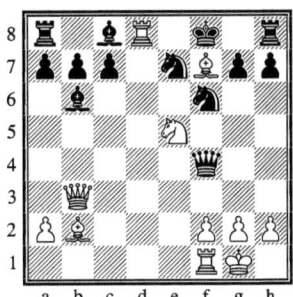
556) 1...♘e8

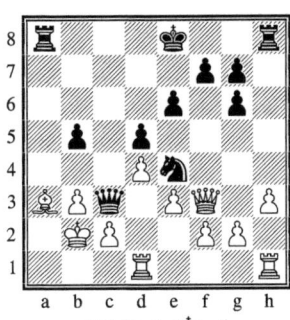
554) 1.♔c1

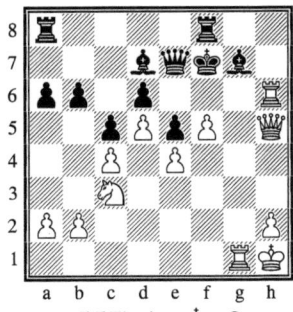
557) 1...♔g8

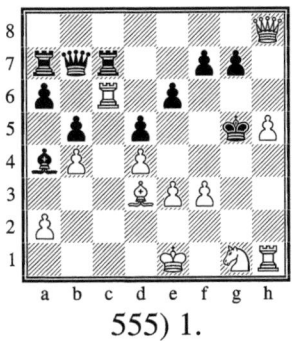
555) 1.

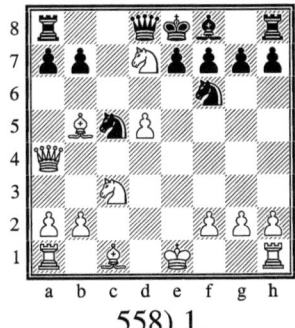
558) 1.

97

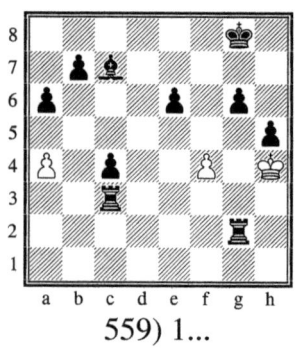
559) 1...

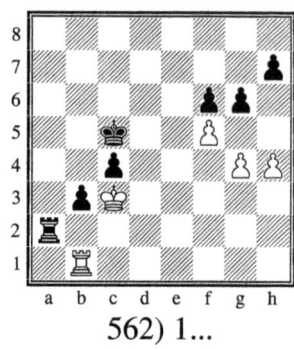
562) 1...

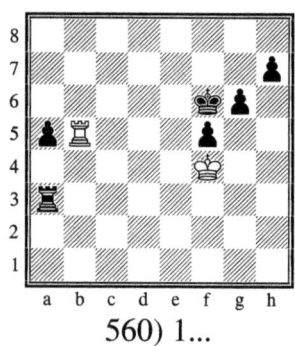
560) 1...

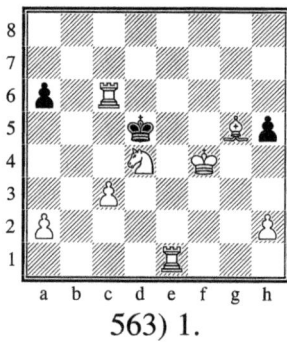
563) 1.

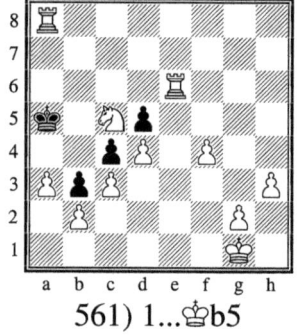
561) 1...♔b5

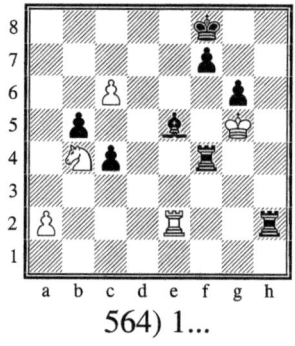
564) 1...

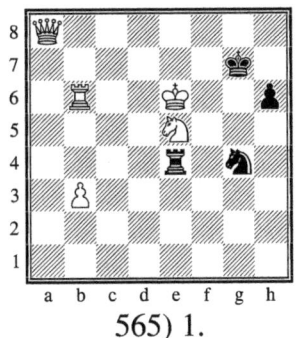
565) 1.

568) 1.♔a2

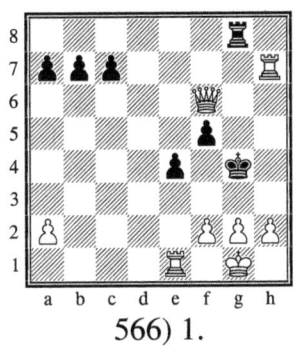
566) 1.

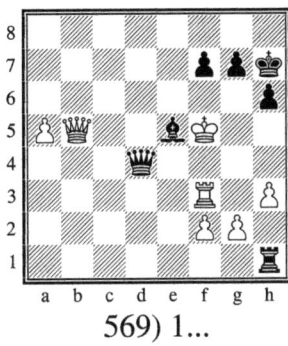
569) 1...

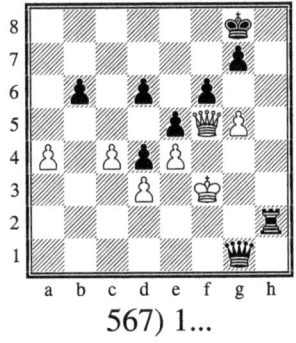
567) 1...

570) 1...♔f7

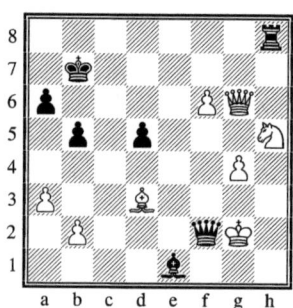
571) 1.♔h3

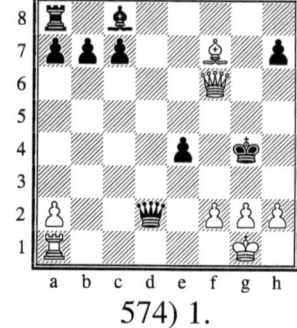
574) 1.

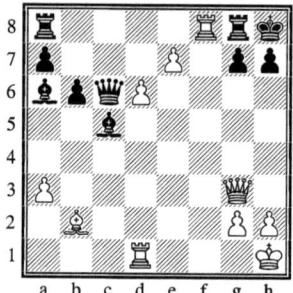
572) 1...♗e2?

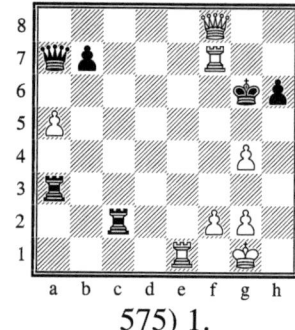
575) 1.

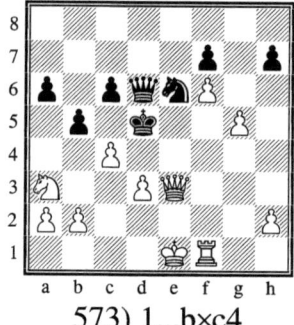
573) 1...b×c4

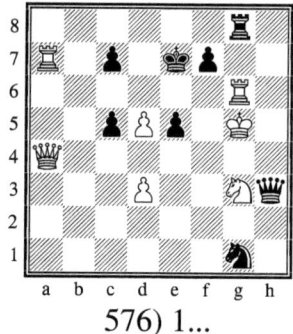
576) 1...

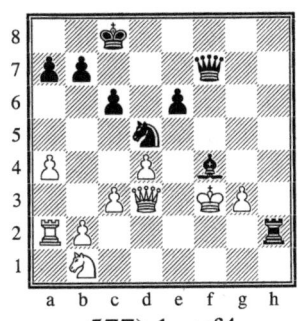
577) 1.g×f4

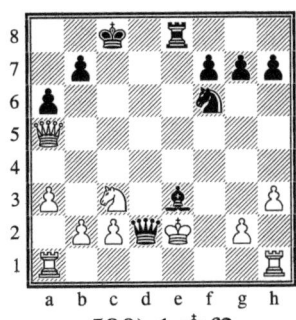
580) 1.♔f3

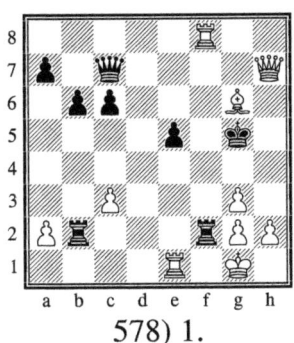
578) 1.

581) 1...

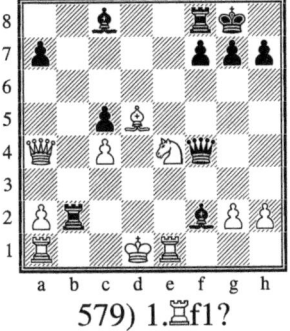
579) 1.♖f1?

582) 1.

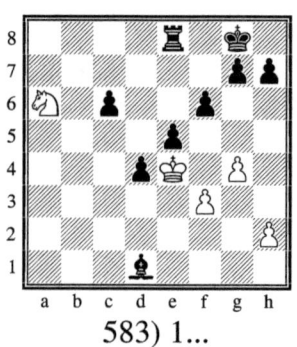
583) 1...

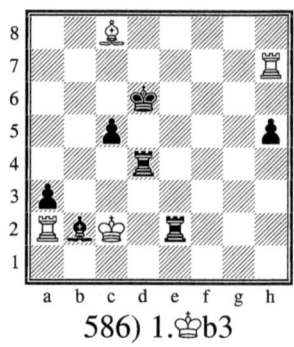
586) 1.♔b3

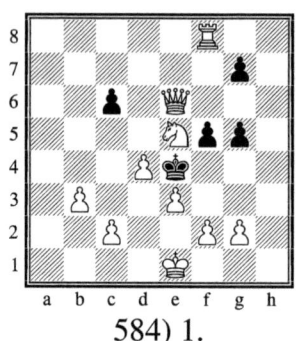
584) 1.

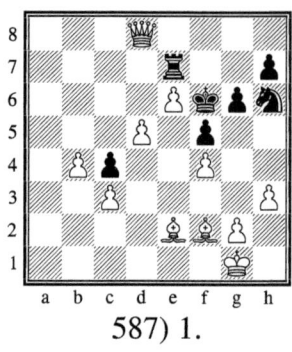
587) 1.

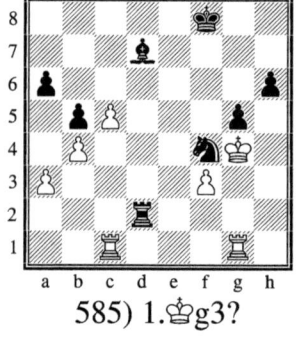
585) 1.♔g3?

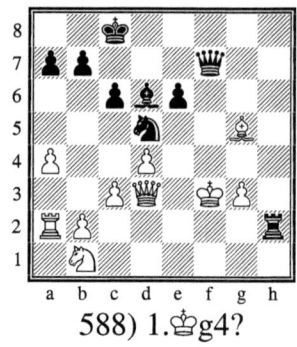
588) 1.♔g4?

# Solutions / Lösungen / решения

1) ♖c8#
2) ♖a2#
3) ♖a1#
4) ♖d1#
5) ♖b1#

6) ♖b8#
7) ♖×e8#
8) ♖a3#
9) ♖×f8#
10) ♖h8#

11) ♕×f1# / ♖×f1#
12) ♖e1#
13) ♖d8#
14) ♖d8#
15) ♖×f1#

16) ♖×c8#
17) ♕h8#
18) ♕×g2#
19) ♕e8#
20) ♕×g7#

21) ♕f8#
22) ♖×e8#
23) ♕d1#
24) ♕f7#

25) ♕×f8#

26) ♕h2#
27) ♕×d8#
28) ♕g7#
29) ♕×h3#
30) ♖×f1#

31) ♕g2#
32) ♖×d1#
33) ♕h8#
34) ♕f8# / ♕e8#
35) ♕×e8#

36) ♕f8#
37) ♕×f1#
38) ♕×g2#
39) ♕×g7#
40) ♕h4#

41) ♕×h2#
42) ♕g7#
43) ♕g8#
44) ♕×g2#
45) ♕b7#

46) ♕a8#
47) ♖e8#
48) ♕h7#
49) ♕g2#
50) ♕g7#

51) ♕×g2#
52) ♕×h7#
53) ♕×g7#
54) ♕f8#

55) ♖f8#

56) ♖a4#
57) d2#
58) ♖a2#
59) ♖a1#
60) ♖h8#

61) ♖h2#
62) ♖f1#
63) ♖h7#
64) ♖d8#
65) ♕g1# / ♕h2#

66) ♖×h2#
67) ♕g7#
68) ♘g6#
69) ♖×h4#
70) ♗×e5#

71) ♖e8#
72) ♖×b1#
73) ♖f6#
74) ♖e8#
75) ♕×g7#

76) ♖h7#
77) ♕e2#
78) ♖b8#
79) ♕×g7#
80) ♕g3# / ♕×h5#

81) ♖×d8#
82) ♖c8# / ♖g8#
83) ♖h1#
84) ♖b1#

85) ♖h1# / ♖g1#

86) ♖e8# :: ♖×e1
87) ♕b4#
88) ♖e8#
89) ♖h8#
90) ♖d8#

91) ♖d8#
92) ♗f3#
93) ♕×h6#
94) ♖h2#
95) ♖dg2#

96) ♕h3#
97) ♖e2#
98) ♕g2#
99) ♕×f8#
100) ♖×e1#

101) ♖×h7#
102) ♕h5#
103) ♕d7# / ♕f8#
104) ♕×b8#
105) ♖h6#

106) ♕g5#
107) ♕×c3#
108) ♕×g2#
109) ♕f2#
110) ♕b7#

111) ♕×g2#
112) ♕d8#
113) ♖f1#
114) ♕×g7#

115) ♛h1#

116) ♜g1#
117) ♛×g2#
118) ♛g7#
119) ♛g1#
120) ♛e8# / ♜e8#

121) ♛a5# / ♛a3#
122) ♛×h7#
123) ♛×g7#
124) ♛d8# / ♜d8#
125) ♛×d1#

126) ♛f8#
127) ♛h5#
128) ♛×d1#
129) ♛×c7#
130) ♛h8#

131) ♜d8#
132) ♛d8#
133) ♜×d1#
134) ♛c1#
135) ♛e2#

136) ♛×f7# / ♜×f7#
137) ♜b8#
138) ♛×b7#
139) ♛g2#
140) ♛×g2#

141) ♛×g4#
142) ♛g1#
143) ♜e1#
144) ♛×g7#

145) ♛×e1#

146) ♛e2#
147) ♛×g2#
148) ♛g8#
149) ♛×g7# / ♛×d8#
150) ♛h6#

151) ♛h1#
152) ♛b5#
153) ♛×h5#
154) ♜c8#
155) ♛×e7#

156) ♜×d8#
157) ♜h1#
158) ♛c8# / ♜c8#
159) ♛×g2#
160) ♛h3#

161) ♛g2#
162) ♜h1#
163) ♜a2#
164) ♜f1#
165) ♛e8# / ♜e8#

166) ♛×h7# / ♛g7#
167) ♛×g2#
168) ♛×g2#
169) ♜×f8#
170) ♛e8#

171) ♜d8#
172) ♜f×f7#
173) ♛g2#
174) ♜×e6# / ♛d7#

175) ♕g2#

176) ♕g2# / ♕h2# / ♖h2#

177) ♕×h3# / ♕h2# / ♖h2#

178) ♕e2#
179) ♖×c1#
180) ♕×g2#

181) ♕f1#
182) ♕e2#
183) ♖e8#
184) ♖b6#
185) ♖h3#

186) ♗×f3#
187) ♕f1#
188) ♕g2#
189) ♕×g3#
190) ♖e8# / ♕e8#

191) ♕×g8#
192) ♕d2#
193) ♖×f8#
194) ♕f2#
195) ♖e×f1#

196) ♕×d2#
197) ♕g2#
198) ♘f7#
199) ♕c7#
200) ♕f1# / ♕e1#

201) ♕f7# / ♖1e7#
202) ♕h4#

203) ♕×h6#
204) ♕×g5#
205) ♕h8#

206) ♕f2#
207) ♕g1#
208) ♕×g7#
209) ♕f6#
210) ♕g7#

211) ♖h1#
212) ♕×b2# / ♖×b2#
213) ♕×g7#
214) ♕×f8# / ♖×f8#
215) ♕×h7#

216) ♕×f8#
217) ♖d8#
218) ♕×g7#
219) ♕×d1#
220) ♕×d1#

221) ♕×g2#
222) ♕×h2#
223) ♕c3#
224) ♕×h4#
225) ♖×a3#

226) ♖×f8#
227) ♕×d7#
228) ♕×g2#
229) ♕g7#
230) ♕×f1#

231) ♕×h8#
232) ♕g7# / ♖h8#

233) ♕b7#
234) ♕×f6#
235) ♕c2#

236) ♕×g2#
237) ♕g7#
238) ♕×f2#
239)
240) ♕b7#

241) ♕×g2#
242) ♕×b6#
243) ♕×h7#
244) ♕×g2#
245) ♕h5#

246) ♕h7#
247) ♕×h2#
248) ♕×h2#
249) ♕h7# / ♕h6#
250) ♕×e6#

251) ♕×h2#
252) ♕×g7#
253) ♕×d8#
254) ♘×f6#
255) ♖c1#

256) ♖a1#
257) ♕h7#
258) ♕g2#
259) ♕f2# / ♕h1#
260) ♕h7#

261) ♕f8#
262) ♕×g2#

263) ♕×g2#
264) ♖×g1# / ♕×g1#
265) ♕×g7#

266) ♕h7#
267) ♕×g7#
268) ♕×g7#
269) ♕h7#
270) ♕×c7#

271) ♕×g7#
272) ♕×g7#
273) ♕×g7#
274) ♕e1#
275) ♕d8#

276) ♕g2#
277) ♕×b2#
278) ♕d1#
279) ♕×f7#
280) ♕a8#

281) ♕×f7#
282) ♕h8#
283) ♕h5#
284) ♕×h2#
285) ♕h7#

286) ♕h1#
287) ♕×h7#
288) ♕×h7#
289) ♕a8#
290) ♕f2#

291) ♕×h5#
292) ♖a8#

293) ♖×f8#
294) ♖e8#
295) h2# / ♗d4#

296) b7#
297) e2#
298) ♗c3#
299) ♗×c3#
300) ♖h6#

301) ♖h1#
302) ♖×h3#
303) ♖a5# / ♘b6#
304) ♖h1#
305) ♕e7# / ♕f7#

306) ♘f2#
307) ♖f8# / ♖e8#
308) ♖f6#
309) ♖×h2#
310) ♖f2#

311) ♕g6# / ♕h6# / ♕f7# / ♕h8#
312) ♗f6#
313) ♗f8#
314) ♗e7#
315) ♖g8#

316) ♖×h7#
317) ♖×d1#
318) ♖×e1#
319) ♖f2#
320) ♖×f1#

321) ♖×f1# / ♕g2#

322) ♕h5#
323) ♖ec2#
324) ♕g5#
325) ♕×h6#

326) ♕d6#
327) ♘g6#
328) ♕×b8#
329) ♖h8#
330) ♕f1#

331) ♕×f1#
332) ♘f7#
333) ♖×h7#
334) ♘c2#
335) ♖h8#

336) ♕g7#
337) ♗×c3#
338) ♘g4#
339) ♖d8#
340) ♖a1#

341) ♕×a3#
342) ♕h8# / ♖h8#
343) ♕×h6# / ♖h7#
344) ♘a2# / ♖c2#
345) ♕e4#

346) ♕d7#
347) ♕×c2#
348) ♖c8# / ♕e7#
349) ♕×h1# / ♕c2# / ♖a1#
350) ♗×d3# / ♕e1#

351) ♕g8#
352) ♕b2#
353) ♕h4#
354) ♕b2#
355) ♕e3#

356) ♖g3#
357) ♕h8#
358) ♖×h2#
359) ♖h5#
360) ♕g4#

361) ♕h6#
362) ♕×h6#
363) ♕h2#
364) ♕g2#
365) ♖h6#

366) ♕g7#
367) ♕g8#
368) ♕a1#
369) ♕a5#
370) ♕e4#

371) ♕×e8
372) ♕g4#
373) ♗f6#
374) ♕h1#
375) ♕hg7# / ♕eg7# / ♕e6# / ♕ee8# / ♕he8#

376) ♖h3#
377) ♖e1# / ♕a4#
378) ♖1h6#
379) ♖c6#
380) ♖1h7#

381) ♕h4#
382) ♕×f8#
383) ♖e1#
384) ♘f2#
385) ♘c2#

386) ♕h2#
387) ♕e1#
388) ♕×h6# / ♕f5#
389) ♕h8#
390) ♕h1#

391) ♕×f8# / ♕d6#
392) ♖e8#
393) ♕e3#
394) ♗g7#
395) ♕×h7#

396) ♖e7#
397)
398) ♖f1#
399) ♕×f2#
400) ♕×h2#

401) ♕g1#
402) ♕f7#
403) ♘c5#
404) ♕g7#
405) ♕e8#

406) ♘c7#
407) ♕c4#
408) ♕h2#
409) ♕g1# / ♕h1#
410) ♖e4#

411) b4#
412) ♕×c4#
413) ♖g4#
414) ♖a8# / ♕a8# / ♕b8#
415) ♗e5#

416) ♕×g2#
417) ♕f2#
418) ♕e2#
419) ♕e7#
420) ♕e3#

421) ♖h2# / ♕h2#
422) ♕h4#
423) ♕×h7#
424) ♖h4#
425) ♗f3# / ♕f1#

426) ♕×b3# / ♕c2#
427) ♕g6#
428) ♕×g2#
429) ♕g7#
430) ♕h5# / ♖h5#

431) ♘f2#
432) ♕f6#
433) ♕×h6# / ♖×h6#
434)
435)

436) ♗×f3#
437) ♕×d2#
438) ♕×g6#
439) ♗g5# / ♗f8# / ♗d2#

...
440) ♖e8#

441) ♕×g2#
442) ♘h3#
443) ♕b7#
444) ♖f8#
445) ♘g3#

446) ♕×d2#
447) ♘e6#
448) ♕×c1#
449) ♕×d3#
450) ♕h2#

451) ♕×f7#
452) ♕×h7#
453) f4#
454) ♖f8#
455) ♕×e2#

456) ♕g2#
457) ♕×h3#
458) ♕×d7#
459) ♕c3#
460) ♖h1#

461) ♕g2#
462) ♕×h7#
463) ♕g2#
464) ♕×g7#
465) ♕×h8#

466) ♕e1#
467)
468) ♕e7#

469) ♕g7#
470) ♕b3#

471) ♕f2#
472) ♕c6#
473) ♘b3#
474) ♘e2#
475) ♕f7#

476) ♕h5#
477) ♕×b8#
478) ♕e6#
479) ♕h8#
480) ♕×g7#

481) ♕×e6#
482) ♘d5#
483) ♕×g2#
484) ♕e3#
485) ♕×g6#

486) ♕h8#
487) b2# / d2#
488) d8♕#
489) ♗d3#
490) ♘b5# / ♘e8#

491) b7# / ♖c7#
492) ♗d3#
493) ♗h6#
494) ♕c3# / ♕c4#
495) ♖a4#

496) ♕f3#
497) ♖f4#
498) ♖g6#

499) ♖a8#
500) ♖d6# / ♕f7#

501) ♕h3# / ♖×h6#
502) ♕f6# / ♕×h6#
503) ♖d3#
504) ♖×f1# / ♕g2#
505) ♕d7#

506) ♖e2#
507) ♘f6# / ♕d1#
508) ♘a5#
509) ♕a3#
510) ♕h2#

511) ♕e6# / ♕d7#
512) ♗d7#
513) ♕f3# / ♕f1#
514) ♖8g3#
515) ♕h4#

516) ♘f3#
517) ♕g8#
518) ♕e2#
519) ♕f2#
520) ♗×g5# / ♗c5#

521) ♕d6#
522) ♕×g2#
523) ♕h3#
524) ♕f8#
525) ♕f4# / ♖h5#

526) ♕c3#
527) ♖e4#
528) ♖×d6#

529) ♕b4#
530) ♖×h7#

531) ♖d×f8+ ♕×f8 ♕×f8#
532) ♕×d4#
533) ♖g5#
534) ♗c3#
535) ♖e2#

536) ♖c7#
537) ♕×h3#
538) ♕d4#
539) ♕×g2#
540) ♕e6#

541) ♕e2# / ♕e4#
542) ♗×f3#
543) ♗b5#
544) ♗e6#
545) ♕h6#

546) ♖h3#
547) ♘g5 ♔g8 ♖h8#
548) f7#
549) ♕e6#
550) ♘b2#

551) ♘g3#
552) ♘×f6#
553) ♕b2#
554) ♕a1#
555) ♕×g7#

556)
557) ♖h8#

558) ♘×f6#
559) ♖g4# / ♗d8#
560) g5#

561) a4#
562) ♖c2#
563) ♖e5#
564) ♖h5#
565) ♖b7#

566) ♖h4# / ♕h4#
567) ♕g2#
568) ♕c4+ b3 ♕×b3#
569) g6#
570) ♕f8#

571) ♕g3#
572) ♕×g7#
573) d×c4#
574) h3#
575) ♕g7# / ♕g8# / ♖g7#

576) ♖×g6# / ♘f3# / f6#
577) ♕×f4#
578) ♕h5# / ♖×e5# / h4#
579) ♗g4#
580) ♕f2#

581) ♘h2# / ♕f2#
582) ♗f1#
583) ♗c2#
584) ♘...#
585) ♘h5#

586) ♖b4#

587) ♗d4#
588) ♕h5#

Über den Autor:
Andreas Wicker ist seit vielen Jahren begeisterter Schachspieler. Und seit mehr als 10 Jahren sammelt er taktische Stellungen aus Partien auf Klubspieler - Niveau. Nun hat er den dritten Band der Stellungen veröffentlicht.

Der Autor dankt Herrn Armando Hernandez Marroquin, der die in diesem Buch verwendeten feinen Schachfonts gestaltet und als Freeware veröffentlicht hat; ebenso geht viel Dank an Herrn Uli Wicker für seine Hilfe.

Das Bild auf dem Cover, "Die Ermordung Philipps von Schwaben durch Otto von Wittelsbach", wurde gemalt von Alexander Zick im Jahr 1890.

About the author:
Andreas Wicker is an enthusiastic chess player for years. And for more than 10 years, he has been collecting tactical positions from chess games on intermediate level. Now he has published the third volume of these.

The author wants to thank Mr. Armando Hernandez Marroquin who created and released as freeware the fine chess fonts used in this book; many thanks go to Mr. Uli Wicker for his help also.

The cover image was painted by Alexander Zick in the year 1890. It's called "Die Ermordung Philipps von Schwaben durch Otto von Wittelsbach"

Weitere Bücher dieser Reihe:

Andreas Wicker

## Schach-Taktik.
Training für Vereinsspieler, Band 1

## Chess Tactics.
Training for Intermediates, Vol. 1

## Шахматная тактика.
Упражнения для
не очень опытных игроков. Ч. 1.

Andreas Wicker

# Chess Tactics.
Training for Intermediates, Vol. 2

# Schach-Taktik.
Training für Vereinsspieler, Band 2

# Шахматная тактика.
Упражнения для
не очень опытных игроков. Ч. 2.